Herbert Noé

Dem Tod voraus

Herbert Noé

Dem Tod voraus

Ostpreußen 1945

RAUTENBERG

Meiner Ehefrau Ida
und meinen Kindern
Karl-Heinz, Ilona und Jürgen
gewidmet.

Printed in Germany
Buchumschlag, Innengestaltung, Satz und inhaltliche Begleitung
von Günther Nord, Heddesbach
Druck und Verarbeitung:
Himmer GmbH Druckerei & Verlag, Augsburg
www.himmer.de
3. Auflage 2017

Rautenberg Verlag
www.verlagshaus.com
ISBN 978-3-8003-3131-4

Inhalt

Vorwort

Von Herbert Noé

Lange ist der Krieg in Russland nun schon her. Es war eine Zeit, die mir bis heute in schrecklicher Erinnerung geblieben ist. Bilder haben sich in mein Gedächtnis eingebrannt: Blut, tote Menschen, tote Tiere und nicht zuletzt die ständige Angst, jede Sekunde selbst Opfer dieses Krieges zu werden. Verarbeiten konnte ich trotz der Unterstützung meiner Familie nur einen geringen Teil.

„Dem Tod voraus“ wurde von mir unmittelbar nach dem Krieg als Manuskript niedergeschrieben. Es ist eine Dokumentation meiner Erlebnisse in Ostpreußen 1945. Ich bemühte mich, alle Begebenheiten so authentisch wie möglich zu schildern. Nichts sollte in Vergessenheit geraten. Der zweite Teil meines Werkes *„Wir mussten mit den Wölfen heulen“*, beschreibt meine Kindheit und Jugend im Dritten Reich, meine Erlebnisse als deutscher Soldat an der russischen Front und meine Zeit in Ostpreußen und Königsberg, meine Gefangenschaft und Flucht in geraffter Form.

Damals verurteilte mich ein russisches Militärgericht gleich zweimal zum Tode. Diese Todesurteile mussten von mir selbst unterschrieben werden, obwohl ich mich für unschuldig hielt. Weil ich jedoch noch sehr jung und gesund war, „begnadigte” man mich. Ich sollte nach Sibirien gebracht werden, um dort bei der Montage der in Deutschland gebauten Maschinen zu helfen. Es gelang mir durch meine Flucht, dem sicher geglaubten Tod zu entrinnen und in die Heimat zu meiner Familie zurückzukehren.

Dem Tod voraus

Rückzug aus Russland

Januar 1945

Es war Nacht. Sterne leuchteten am Himmel. Die Landschaft vor uns war karg. Nur hin und wieder kamen wir an einigen Bäumen und Sträuchern vorbei. Wir lauschten den Geräuschen, die um uns waren. Sie bereiteten uns Angst, denn niemand konnte sagen, ob es sich um unsere Feinde, oder um irgendein wildes Tier handelte. Meistens hörten wir unsere eigenen Geräusche. Das konnte sich jedoch zu jeder Zeit ändern.

Wir waren auf dem Rückzug aus Russland. An einem Ort, an dem niemand von uns je zuvor war. Die ständige Bedrohung unseres Lebens zehrte an uns und raubte jedem Einzelnen die Kraft. Auch wenn die Gefahr manchmal geringer schien, sie war doch allgegenwärtig. Schlaf war kaum möglich, denn immer musste einer von uns Wache halten. Schliefen wir dennoch, hatten wir unsere Waffen griffbereit, um sie sofort benutzen zu können. Selten handelten unsere Träume von schönen Dingen, wie der Heimat, oder dem Duft unserer Frauen. Unsere Träume handelten von Gewalt, Blut, Schüssen, dem Tod, dem wir jeden Tag aufs Neue in die Augen schauen mussten. Sie handelten von einer Schlacht, in die wir hineingezogen wurden und aus der es kein einfaches Zurück mehr gab. So kam es nicht selten vor, dass einer von uns schreiend aufwachte und der wachhabende Soldat ihm die Hand vor den Mund halten musste. Wären wir bemerkt worden, es hätte unser Ende sein können.

Meistens marschierten wir nachts, abseits von befestigten Pfaden oder Straßen, denn da war die Gefahr am geringsten, von den Russen entdeckt zu werden. Auch in dieser Nacht liefen wir quer durch den Wald, um unserem Ziel, der Stadt Königsberg, ein wenig näher zu kommen. Jede kleine Bewegung außerhalb unserer Gruppe veranlasste uns zum Halt. Vorsicht war unser oberstes Prinzip. Leichtsinn bedeutete den Tod. Zur Sicherheit blickte sich der hinterste Mann immer wieder nach Verfolgern um.

Plötzlich hörten wir ein dumpfes Rascheln im Laub. Es klang nach Gewehrkugeln, die auf dem Boden aufschlugen. „Russen!", war mein erster Gedanke. Ich sah mich um, doch ich konnte in der Dunkelheit nichts erkennen. Angst überkam mich, denn ich wusste nicht, was als Nächstes passierte. Die Geräusche kamen immer näher. Noch zwanzig, noch fünfzehn Meter ...

Es schien, als wären wir umzingelt. Jeder sah in eine andere Richtung, bereit zu schießen. Noch fünf Meter, drei Meter. Es war unmittelbar vor uns! Auf einmal spürte ich etwas Nasses und Kaltes an meiner Nasenspitze herunterlaufen. Ich sah zum Himmel empor und erblickte im Dunkel der Nacht eine große Regenwolke, die den Sternenhimmel verdeckte. Es fing an, zu regnen. Zunächst waren die Tropfen klein und unscheinbar, doch je weiter die Wolke über uns zog, um so heftiger wurden sie. Wir erkannten, dass die Laute von den Tropfen her rührten, die auf den alten und teilweise zerfressenen Blättern aufkamen und sie zum Tanzen brachten. Trotzdem mussten wir weiter und uns blieb nur übrig, in dem peitschenden Regen zu marschieren, der innerhalb kürzester Zeit unsere Kleidung durchnässte. Sofort verwandelte sich der Boden unter unseren Füßen in Schlamm. Besonders die schwereren Männer unserer Einheit blieben darin stecken und verloren im Laufe des Marsches ihre Kräfte. Ich war glücklicherweise recht leicht und meine Stiefel sanken nicht allzu tief ein. Mühsam halfen wir uns gegenseitig aus der feuchten Erde heraus und liefen weiter.

Vor wenigen Stunden noch gab uns der Mond mit seiner dünnen Sichel gerade so viel Licht, um erkennen zu können, wohin wir traten. Gelegentlich wurde er von kleinen Wolken verdeckt. Nun allerdings war er hinter Regenwolken verschwunden und ließ uns in der vollkommenen Dunkelheit zurück. Nacht für Nacht liefen wir nun schon, unsere Feinde im Nacken, Richtung Westen. In dieser Nacht hatten meine Kameraden und ich einen Fußmarsch von über fünfundzwanzig Kilometern vor uns. Noch vor ein paar Stunden waren es fünfzig gewesen. Hügel, lichte Wälder und Graslandschaften boten uns wenig Deckung, doch in der Dunkelheit wurden wir nicht entdeckt. Immer wieder führte unser Weg durch bereits aufgegebene Verteidigunglinien, die von Hitlerjungen und älteren Männern errichtet wurden. Es waren Panzergräben. Einige Panzer hingen schräg darin, die Räder nach oben gestreckt, ihre silbern schimmernden Kanonen völlig unbrauchbar in die Erde gebohrt. Die Luken waren geöffnet, aus manchen stieg Rauch auf, was erkennen ließ, dass die Gefechte erst vor kurzer Zeit stattgefunden hatten. Trümmer lagen verstreut herum. Hier und da fand sich ein leerer Benzinkanister. Ein kleiner quadratischer Behälter, auf dem ein großes X zu erkennen war. Tote hingen aus den Einstiegsluken der Panzer, Schrauben lagen auf dem Boden.

Dutzende weitere Leichen pflasterten unseren Weg. Es war wie ein riesiger Friedhof, lediglich mit dem Unterschied, dass die Menschen hier nicht friedlich unter die Erde gebracht wurden, sondern einfach herumlagen. Einigen fehlten Körperteile und in ihren Gesichtern war der Schmerz für die Ewigkeit festgehalten. Getrocknetes Blut, wohin meine Augen sahen. Es war ein unbeschreiblicher Anblick.

Langsam dämmerte es am Horizont. Der Regen hörte kurzzeitig auf. Da erblickten wir deutsche Soldaten, die in unsere Richtung rannten. Fünfzig Meter vor mir schlugen plötzlich Granaten in den Boden und wirbelten die Erde auf. Die Detonationen betäubten mein Gehör. Ich blickte mich um und sah hunderte von Russen auf uns zukommen.

So schnell uns unsere erlahmten Beine tragen konnten, rannten wir auf einen sicheren Schützengraben zu. Über mich flogen Kugeln hinweg. Neben mir fielen schreiend Kameraden und man verfehlte meinen Kopf nur um ein paar Zentimeter. Endlich hatten wir die schützende Grube erreicht. Ein rettender Sprung half uns, den Schüssen auszuweichen. Neben mir lagen viele tote Soldaten. Junge Männer waren es zumeist, um die achtzehn oder neunzehn Jahre alt, die leblos am Boden lagen. Auch wenn es in mir Angst und Schrecken auslöste, da diese Jungen kaum älter waren als ich selbst, kam in mir zugleich ein Glücksgefühl auf, nicht selbst dort zu liegen.

Die Russen kamen immer näher. In ihren Händen hielten sie Maschinenpistolen und Gewehre, ihre Läufe direkt auf uns gerichtet. Sie eilten in schnellen Schritten auf uns zu und suchten unsere Schwachstellen. Immer wieder legten sie sich flach auf den Boden, suchten Schutz hinter zerstörten Fahrzeugen oder gaben sich untereinander klar erkennbare Handzeichen und robbten schnell vorwärts. Wir schossen und waren im Vorteil, doch trotzdem erwischte es immer wieder einen von uns durch Granaten, die durch Granatwerfer in unseren Graben geschossen wurden. Einige Kameraden verschanzten sich hinter Panzerwracks, um sich besser verteidigen zu können.

Menschen fielen vor meinen Augen zu Dutzenden und standen nicht mehr auf. Männer schrien nach ihren Familien, ihren kleinen Kindern, den gerade vermählten Frauen oder Müttern, von anderen vernahm man nur noch gurgeln, röcheln und zucken.

Die Russen kamen näher, rannten den Hügel auf der einen Seite hinauf und auf der anderen wieder hinunter. Ungeachtet der Kameraden, die neben ihnen fielen, brüllten sie „Urräh" und liefen uns entgegen. Der Boden war durch den Regen nass geworden und spritzte unter ihren Schritten auf. Manche rutschten aus und schossen in die Luft, während sie zu Boden fielen. Dann legten sie sich flach hin, richteten ihre Gewehre auf uns und zielten. Ihre Truppen wurden schnell dezimiert, da sie kaum Deckungen hatten. Schlussendlich sah es ausweglos für sie aus und der übriggebliebene Rest zog sich gescheitert wieder zurück.

Schreie. Ich blickte mich um und sah hunderte Verletzte. Sie lagen am Boden und wanden sich vor Schmerzen. Ein Blick in ihre Gesichter zeigte mir, wie stark ihre Verletzungen waren. Bei manchen trat sogar schwarzes Blut aus den offenen Wunden heraus, was darauf hindeutete, dass ihre Leber getroffen war und sie nur noch knapp zwanzig bis fünfundzwanzig Minuten zu leben hatten. Viele Soldaten schrien verzweifelt nach ihrer Mutter oder wollten zurück in die Heimat. Für manche waren die Schreie vergebens, denn sie sollten nie wieder heimkehren. Sanitäter versuchten zwar ihre Blutungen zu stillen, doch wussten sie, dass es letzten Endes nichts brachte. Sie drückten Kompressen auf die Wunden der Verletzten und warteten lediglich, bis sie ihren letzten Atemzug taten und noch an diesem Ort starben.

In mir stieg Verzweiflung auf. Was ich sah, war viel schlimmer, als es ein Albtraum je hätte sein können: Tote, Schwerverletzte und Verwundete. Sanitäter halfen denjenigen, denen man ein wenig Zuversicht auf eine Rettung bescheinigen konnte. Dem Rest blieb nur der Tod. Meine Ängste, die Wut und die Verzweiflung waren größer denn je. Auch auf russischer Seite gab es unzählige Tote und Verletzte, die zurückgelassen werden mussten. Ich wurde Zeuge, wie einer meiner Kameraden wütend auf einen von ihnen zulief. „Was sollte das gerade, hmm? Sag mal, spinnt ihr?", schrie er ihn plötzlich an und trat ihm in die Rippen. Der Russe weinte vor Schmerzen und bat um Gnade. „Nein Freundchen, so leicht kommst du mir hier nicht davon!", brüllte er und schlug mit seiner Faust mehrmals in dessen Gesicht. „Dieser gottverdammte Krieg wird mich bestimmt irgendwann auch noch holen, aber du wirst mich nicht töten, du nicht!" Dann richtete er seine Pistole auf ihn. „Na, siehst du das hier?", fragte er den Mann am Boden. „Oh ja, Kumpel, ihr habt meine Freunde umgebracht, jetzt zahlt ihr dafür", schrie er und erschoss ihn. Unsere Kompanien waren bis auf wenige Mann zusammengeschrumpft. Die erste Kompanie verfügte lediglich noch über einen Unteroffizier und fünf Mann, die zweite Kompanie hatte noch fünf Mann zu melden, doch kein Offizier war mehr für sie da. Auch ich half unseren verletzten Kameraden, erhielt von den Sanitätern Verbandszeug und behandelte die Wunden. Einigen Männern hielt ich die Hand und leistete Beistand. „Du schaffst das schon, gleich kommt jemand und versorgt deine Wunden, Kopf hoch mein Freund.“ Wir redeten über die Heimat, Frauen, die eigenen Kinder, von denen manche nicht älter als acht waren und daheim auf sie warteten, über die Familie, die meine Kameraden schon seit vielen Monaten nicht mehr gesehen hatten und über Erinnerungen an schöne Dinge, die sie vermissten, wie zum Beispiel den Duft von Rosen oder die gemeinsame Zeit mit ihren Freunden. Schließlich jedoch schluckten und würgten sie und mir wurde klar, dass ihre Familien vergeblich warteten. Ihnen konnte ich lediglich die letzte Ehre erweisen und die entsetzten, offenen Augen schließen. So lief ich von dem einen Verwundeten zum anderen.

Stunden später ging unser Weg in der Abenddämmerung weiter. Er führte von Treuburg über Lötze-Rastenburg zu unserem Ziel, nach Königsberg. Es waren noch einige Tagesmärsche, bis wir diese Stadt endlich erreichen sollten. Immer wieder kamen wir in Gefechte, immer wieder blickten wir dem Tod ins Gesicht. Tag für Tag Gewehrschüsse, Explosionen und in der Nacht Alpträume, die uns nicht schlafen ließen. Der Boden unter unseren Füßen war noch immer durchweicht und bildete weiterhin einen dicken Schlamm. Ständig hatten wir damit zu kämpfen, einen Fuß vor den anderen zu setzen. Bei jedem Schritt blieben unsere Stiefel im Schlick hängen. Ich selbst hatte meine Kraft bereits verloren und konnte kaum noch weiter. Ich dachte nun ans Aufgeben. Doch als ich mir meine Gefangennahme vorstellte, packte mich neuer Mut und mein Weg ging weiter.

Es glich einer Odyssee, deren Ende nicht abzusehen war. „Immer einen Schritt vor den anderen", sagte ich zu mir. „Irgendwann müssen wir hier rauskommen." Ich kam mir vor wie ein kleiner Ju0nge, der nicht mehr weiterlaufen wollte.

Eines Morgens tauchte sie auf, die große Stadt Königsberg. Wir hatten es geschafft, unser Weg hatte ein vorläufiges Ende. Langsam, aber dennoch mit mutigen Schritten, liefen wir in die Stadt hinein. Links und rechts befanden sich große Gebäude. Panzer rollten durch die Straßen und Trümmer lagen auf dem Boden verstreut. Hier und da war ein Haus bis auf die Grundmauern niedergebrannt und man erkannte nur noch Ruinen. Fensterscheiben waren eingeschlagen und Straßenlampen lagen zerbrochen am Boden. Zerstörte Fachwerkhäuser reihten sich an Häuser aus Stein, deren Seiten zerbombt oder weggesprengt waren. Die Straße schien ewig lang zu sein. Unser Weg führte zur Wrangel-Kaserne. Dort hatte man unseren Divisions-Gefechtsstand untergebracht. Unser Kommandeur, General Lasch, war Kampfkommandant von Königsberg. Er hatte die Stadt zu einer Festung erklärt und sollte sie auf Befehl Hitlers mit allen Mitteln verteidigen.

Ich machte mich wie immer auf die Suche nach Essbarem und lief durch einige Gebäude. Sie waren zum Teil schon sehr alt, manche Dachstühle waren zerbombt und ausgebrannt. Überall lagen Trümmer und wirbelten eine dicke Staubschicht auf, als ich mich durch die Türen hindurchzwängte. Unter dem Druck der Mauern waren Häuser in sich zusammengefallen und fast undurchdringbar geworden.

In den Häusern selbst hingen Bilder an den Wänden. Einige zeigten wohl die Familie der Besitzer, andere die Stadt Königsberg, als sie noch als Wahrzeichen Preußens galt und alles idyllisch und keines der Gebäude beschädigt war. Hinter den Bildern befanden sich zumeist Blumentapeten oder die Wände waren in einem dezenten Weiß gehalten. Wertvolle Teppiche lagen ausgebreitet vor mir. Ich lief ins Esszimmer eines Hauses. Zerbrochene Teller lagen auf dem Boden, manche waren aus Meißner Porzellan, nun jedoch nicht mehr zu gebrauchen. Aus einem Transistorradio hörte man nur noch ein lautes Rauschen. Auf dem Eichentisch lag eine Glasvase, aus der längst verwelkte Blumen herunterhingen. Eine Standuhr befand sich zu meiner Linken. Sie war aus dunkelbraun gestrichenem Buchenholz gefertigt und hatte ein riesiges, goldenes Pendel, das jedoch eine falsche Uhrzeit anzeigte. Allem Anschein nach war sie unter dem Druck einer Explosion, die eine Seite des Gebäudes weggesprengt hatte, stehen geblieben. Man konnte nun auf die Straße blicken. Rote Gardinen hingen vor dem Fenster an der anderen noch heilen Wand. Sie wurden von zwei großen Schlaufen gehalten, die an der Wand befestigt waren. Ich ging ins Wohnzimmer und erblickte zerbrochene Fensterscheiben. Der Raum war beinahe leer geplündert. Eine beige Couch stand noch darin, sowie ein Regal mit Büchern und Fotoalben. Ich griff mir ein Album heraus und blätterte darin herum. Kinder waren zu sehen. Sie spielten auf der

Straße vor dem Haus mit einem Hüpfseil oder spielten Fußball. Sie waren kaum älter als zehn oder elf Jahre. Ihre Eltern schienen sehr stolz auf ihre Zöglinge zu sein, was man an ihrem Gesichtsausdruck erkennen konnte. Der Mann trug einen Schnauzbart und Soldatenkleidung. Seine Augen schienen alles durchdringen zu können und sein Mund war im Verhältnis zu seiner spitzen Nase recht klein. Die Haare waren kurzgeschnitten und von schwarzer oder brauner Farbe. Die Mutter hatte blondgelockte Haare und trug ein Kleid. Sie war schlank und hatte eine helle Augenfarbe. Um den Hals trug sie ein Collier. Es war eine Kette mit einem Herzmedaillon. Möglicherweise konnte man es aufklappen und hätte darin ein Bild ihres Mannes gesehen. Die Söhne waren mit Matrosenanzügen bekleidet und die kleine Tochter trug, der Mama gleich, ein kleines Kleid. Ich stellte das Album zurück und lief die Treppen zum Keller hinunter. Es war recht stickig und unzählige Spinnweben hingen von den Wänden. Die Sandsteine der Kellermauern waren durch Detonationen in den Nachbarhäusern freigelegt worden und hatten Risse erhalten. Auf dem Boden lagen einige herausgebrochene Steinbrocken. Wasser tropfte aus einer Leitung über mir und bildete eine Pfütze. Sie zog sich beinahe über den gesamten Kellerboden und verbreitete einen modernden Geruch, der bereits Ratten anzog. In der Mitte des Raumes standen viele, mit großen Vorhängeschlössern gesicherte Kisten. Dahinter befanden sich Holzregale, auf denen verschiedenstes Werkzeug abgelegt war. In einer Ecke stapelten sich unzählige leere Flaschen. In einigen war einmal Wein und in anderen sogar Sekt gewesen. Ich legte die Flaschen zur Seite, in der Hoffnung, darunter etwas Brauchbares zu finden. Tatsächlich fand ich noch gefüllte Flaschen. Es waren circa sechzig an der Zahl. Sie mussten zurückgelassen worden sein, für den Fall, dass die Menschen in ihre Häuser zurückkehren konnten. Stolz lief ich mit einem Teil davon zurück in die Kaserne. Dort begegnete ich dem Burschen des Generals, Hans Jablonka, der ebensoviele Obst- und Gemüsekonserven in einem verlassenen Krankenhaus gefunden hatte. Sie waren in hervorragendem Zustand, kaum verbeult und noch mit Etiketten versehen. Ich schlug dem Jungen ein Geschäft vor und wir tauschten Wein und Sekt gegen Konserven. Auf diese Weise hatte ich glücklicherweise doch noch etwas zu essen gefunden.

Königsberg

1843	Baubeginn der Stadtbefestigungen
1874	Baubeginn eines Gürtels von zwölf vorgeschobenen Forts
1882	Fertigstellung des Forts
Sommer 1944	Bombardierung der Stadt durch alliierte Bomber
13. Januar 1945	Erster Großangriff der Russen
6. April 1945	Abschließender Angriff von rund dreißig Divisionen und zwei Luftflotten, Beschuss aus tausenden von Geschützen aller Kaliber und Stalinorgeln
7. April 1945	Weiter verstärktes Artilleriefeuer, stärkster Luftangriff
9. April 1945	Annahme der Kapitulation im Bunker durch den Oberbefehlshaber der russischen Front Marschall Wassiljewski. Einstellung der Kämpfe um 21.30 Uhr
10. April 1945	General Lasch geht in Gefangenschaft (1.00 Uhr). Alle deutschen Soldaten geben ihre Waffen vor dem Fort ab (6.00 Uhr).
12. April 1945	Der Wehrmachtsbericht meldet die Kapitulation Königsbergs.

Im Kessel von Königsberg
Januar bis April 1945

Unsere Division war eingeschlossen. Einen Weg aus der Stadt gab es nicht. Überall waren Russen und umschlossen uns, einem Burggraben gleich, über den es keine Brücke gab. Wer fliehen wollte, fand den sicheren Tod. Tag für Tag trommelte das Geschützfeuer auf uns nieder. Immer wieder flogen Flugzeuge über uns hinweg. Zuerst hörte man den Lärm der Motoren und kurze Zeit später ein furchtbares Dröhnen, das die Wände und den Boden zum Erbeben brachte.

Bomben. Unaufhaltsam warfen Russen und auch Engländer sie herunter und zerstörten alle möglichen Gebäude. Seit Wochen hielt dieser Beschuss nun bereits an und niemand konnte sagen, wann er enden würde. Jeder dachte daran, nicht mehr aus diesem Inferno herauszukommen und in russische Gefangenschaft zu geraten, als Zwangsarbeiter verschleppt oder sogar getötet zu werden. Wir befanden uns mitten in der Hölle.

Am siebten April 1945 stürmten die Russen unsere Stadt. Sie schossen alles und jeden nieder, der sich ihnen in den Weg stellte, nahmen Frauen und Kinder gefangen und zogen durch die Häuser, um Beute zu machen. Die deutsche Wehrmacht hatte kaum eine Chance, mit den Massen der Feinde fertig zu werden. Sie wurde überrannt und die Leichen der Soldaten ließ man unbeachtet liegen. Granaten fielen und töteten unzählige Zivilisten. Alles glich einem höllischen Gemetzel und überstieg selbst die schlimmsten Erfahrungen. Gefangene wurden kaum gemacht. Viele Menschen starben, kleine Jungen, die an den Händen ihrer Mutter die Flucht ergriffen, schließlich auch deren Mütter und Schwestern. Wir kämpften um unser nacktes Leben, versteckten uns an Orten, wo uns keiner entdecken konnte.

Am neunten April entschloss sich General Lasch zur Kapitulation. Tags darauf verurteilte ihn Hitler wegen Feigheit vor dem Feind zum Tode. Seine Familie wurde in Sippenhaft genommen.

Zu dieser Zeit saßen wir auf unseren Feldbetten und lauschten unserem Funkgerät. Eine Nachricht erschütterte mich zutiefst: Zwischen Weinheim und Heidelberg schwere Kämpfe! Ich hatte große Angst: Meine Heimat wurde angegriffen. All meine Gedanken galten fortan meinen Eltern und meinen Geschwistern. Lebten sie noch? Wo genau fanden die Kämpfe statt? Die Nacht hindurch war Schlaf unmöglich. Ich musste erfahren, wie es meiner Familie erging. Der Funkspruch hallte ständig in mir wider. Sobald ich die Augen schloss, sah ich meine Stadt in Trümmern liegen.

Die Geschehnisse um uns überschlugen sich. Trotzdem gab es etwas, das mich noch mehr ängstigte: Die Kapitulation. Ausgerechnet dann, wenn meine Heimat angegriffen wird, sollten wir aufgeben.

Kapitulation, dieses Wort bedeutete für jeden Soldaten Demütigung, Verzweiflung, Angst und Furcht vor dem Kommenden. Niemand von uns wusste, was die Russen mit uns vorhatten. Jeder hatte seine eigenen Befürchtungen. Während die einen an Arbeitslager dachten, sahen die anderen den schnellen Tod durch Genickschuss vor ihren Augen. „Was auch immer mit uns geschehen soll, in wenigen Stunden werden wir es erfahren", meinte einer meiner Kameraden und hatte damit Recht. In großer Wut und Verzweiflung zerstörte ich das Funkgerät.

Zur gleichen Zeit hörte ich einen Schuss, der gerade mal zwanzig Meter entfernt in einer der alten Kasematten zu hören war. Plötzlich ertönte noch ein zweiter. Waren es die Russen? Hirngespinste rasten durch meinen Kopf, doch es hörte sich eher nach unseren eigenen Waffen an. Wer da schoss, war mir vollkommen unklar und so rannte ich auf die Kasematte zu und öffnete die Tür. Tote lagen auf dem Boden. Alles deutete auf Selbstmord hin. Es waren einige meiner Kameraden. Offensichtlich konnten sie den Gedanken, in Gefangenschaft gehen zu müssen, nicht ertragen. Allem Anschein nach hatten sie einer nach dem anderen die Vernunft verloren und sich mit meiner Pistole erschossen. Ich kam gerade noch rechtzeitig um zwei weitere davon abzuhalten.

Wütend riss ich ihnen die Waffe aus der Hand und schleuderte sie voller Wucht gegen die Wand. „Lieber lasse ich mich von den Russen erschießen, als dass ich Hand an mich lege", rief ich zu ihnen und verdeutlichte jedem auf diese Weise mein Entsetzen über ihre Handlungen. Möglicherweise würden wir trotzdem überleben. Als sie sich auf die Betten setzten und die Toten in ihrer Mitte sahen, wurde ihnen bewusst, dass das der falsche Weg gewesen war.

Entsetzt ging ich aus der Kasematte und suchte die einzelnen Räume nach nützlichen Dingen ab, um mich abzulenken. Irgendwo konnte sich etwas Essbares befinden, das ich mit meinen Kameraden teilen konnte. In einem Bunker fand ich schließlich neue Bergschuhe, die dort zu Hunderten gelagert waren. Mir war klar, dass ich sie irgendwie abgenutzt aussehen lassen musste, damit die Russen sie mir nicht abnahmen. Nach kurzer Überlegung kam mir eine Idee. Ich beschmierte die Schuhe mit feuchter Erde und Lehm und umwickelte sie mit einer Mullbinde. Das Ergebnis war überzeugend.

Spät am Abend kam ein russischer Oberstleutnant namens Kerwin mit mehreren anderen großen, dunkelhaarigen Offizieren in den Bunker. Sie waren bevollmächtigt, die Kapitulation abzuschließen. Folgendes wurde von ihnen zugesichert:

1. Das Leben aller Soldaten und Zivilisten
2. Gute Verpflegung und würdige Behandlung der Soldaten während der Gefangenschaft
3. Sorge für die Verwundeten und die Zivilbevölkerung
4. Nach Kriegsende Rückkehr in die Heimat

Leider wurde keiner dieser Punkte später eingehalten. Am selben Tag gingen wir mit erhobenen Händen in Gefangenschaft. Ich lief aus dem Bunker und schlug meinen Karabiner an einen Baum. „Dawei, dawei"[1], waren die ersten russischen Worte, die ich zu hören bekam. Eine Stunde später standen wir in Reih und Glied zu je tausend Mann auf dem großen Paradeplatz zwischen Ruinen, toten Zivilisten und russischen Soldaten, die vollkommen betrunken im Graben lagen.

Andere Russen schossen um sich, stießen Frauen und Mädchen, die aus den Häusern kamen, mit dem Gewehr zurück und vergewaltigten sie vor unseren Augen. Ohnmacht und Hass stand in unseren Gesichtern. Wir traten einen langen und demütigenden Marsch ins Ungewisse an.

[1] schnell, schnell

Im provisorischen Lager bei Königsberg
April/Mai 1945

In der Reihe zu einer endlosen Kolonne zusammengetrieben, zu beiden Seiten von finster aussehenden russischen Soldaten mit Maschinenpistolen begleitet, die sie auf uns richteten, marschierten wir viele Kilometer um Königsberg herum. In Fort Quetnau hatte ein guter Kamerad meine abgelegten Offiziersstiefel angezogen. Sie waren schwarz und sahen noch recht neu aus. Doch das durfte er eigentlich nicht machen, denn die Russen suchten nach allem, was für sie brauchbar war. Ich erklärte ihm meine Bedenken. Da seine alten Schuhe jedoch bereits zertreten waren und etliche Löcher aufwiesen, ließ er sich nicht überreden. Nach einigen Kilometern Fußmarsch machten wir einen kurzen Halt an einem lichten Weg. Bäume standen etwas weiter entfernt. Es waren alte Stämme mit hohen Kronen und dichtem Nadelwuchs. In der Nähe war ein großer Stein, auf den ich mich setzte. Dort ließ es sich ein paar Minuten lang ausruhen.

Plötzlich kam ein russischer Wachmann auf meinen Kameraden zu. Er hatte es natürlich auf die Stiefel abgesehen. Seine Augen glänzten. Um jeden Preis schien er die Schuhe haben zu wollen. Der Soldat war etwa ein Meter und sechzig groß und trug russische Armeekleidung. Sie war mit Dreck und Blut verschmiert. In seiner Jacke befanden sich sogar einige Einschusslöcher. Scheinbar hatte er sie einem toten Kameraden ausgezogen. Seine Augen waren grün und auf seinem Kopf trug er einen Stahlhelm. Das Gesicht war scharf geschnitten und hatte einige Schürfwunden und Narben aufzuweisen. In seinen Händen hielt er eine Maschinenpistole und an seinem schwarzen Gürtel, der seine Hose hielt, hingen noch zwei Handgranaten.

„Pan Stiebel, pan Stiebel!", schrie er und stieß unseren Kameraden mit der Waffe zu einer Böschung am Wegesrand. Es ging etwa drei Meter in die Tiefe. Unten lagen ein paar dicke, morsche Äste. Viele Pilze der unterschiedlichsten Sorten wuchsen daraus empor. Er wiederholte seine Worte noch einmal und wurde zornig. Seine Blicke wurden düster. „Pan Stiebel!", kam es immer wieder aus seinem Mund heraus, um den ein großer Schnauzbart hing. „Jetzt gib sie doch her!", riefen wir ihm zu, doch er weigerte sich entschieden. Der Russe wurde noch wütender und schrie erneut: „Pan Stiebel!" Plötzlich knallte es. Der Russe hatte geschossen! Eine Salve traf unseren Kameraden in die Brust. Er ging sofort zu Boden. Zunächst wand er sich vor Schmerzen und schrie aus Leibeskräften. Doch daraus wurde ein lautstarkes Gurgeln. Er fing an, Blut zu spucken. Nach knapp zwei Minuten eines grausamen Todeskampfes ging keine Regung mehr von ihm aus. Er war tot.

Der Russe kniete sich zu dem Toten nieder und zog ihm die Stiefel aus. Gleich darauf stellte er sich stramm und blickte uns tief in die Augen. In ihm schien ein Gefühl des Triumphes aufzukommen, denn er fing an zu lächeln. Ein gemeines und hinterhältiges Lächeln, das uns sofort zu verstehen gab, was er von uns hielt. Dann trottete er weiter, als wäre nichts gewesen. Er lief zu seinen Kameraden und hielt die Stiefel stolz in die Luft, als hätte er ein Tier erlegt und nun dessen Kopf als Trophäe in seinen Händen. Sofort fingen die Russen an, mit ihrem Kameraden zu reden. Immer wieder schauten sie zu uns herüber und gelegentlich wanderte ein Blick zu unserem Toten. Der vorgesetzte Leutnant des Russen sah aus einiger Entfernung zu. Der Russe setzte sich auf einen Baumstumpf und zog seine alten Stiefel aus. Daraufhin versuchte er, in die neuen hineinzukommen. Er musste feststellen, dass sie ihm nicht passten und warf sie weg.

Ich kniete mich zu dem Toten hinunter und fuhr mit meiner flachen Hand über seine Augen, um sie zu schließen. Mein Ärmel rutschte dabei etwas zurück und gab meine Armbanduhr frei. Ein russischer Bewacher erblickte sie und lief auf mich zu. „Will der mich jetzt auch abknallen?" ging es mir durch den Kopf. Ich bekam es mit der Angst zu tun. Als er sie jedoch gegen ein Kommissbrot eintauschen wollte, atmete ich auf. Den Tausch fand ich gut, denn nun hatte ich etwas Brot, mit dem ich meine Ölsardinen essen konnte, die nun schon lange Zeit in meiner Manteltasche steckten. Da in meiner Feldflasche kein Tropfen Wasser mehr war, blieb mir nichts anderes übrig, als das Öl aus den Dosen zu trinken. Doch schon kurze Zeit später bekam ich diesen Fehler zu spüren, denn es überkam mich ein schlimmer Durchfall. Toilettenpapier hatte ich nicht zur Verfügung, auch eine Toilette war nicht vorhanden. So musste ich mich hinter einen Baum setzen, um dort meine Notdurft zu verrichten.

Später ging unser Weg weiter. Wir erreichten in der Abenddämmerung völlig übermüdet das Gefangenenlager „Stablak". Wie eine riesige Herde Vieh wurden wir durch einen schnell errichteten Eingang getrieben. An beiden Seiten befand sich Stacheldraht. Ein kleiner

Rundbogen mit einem Eisentor wurde auf beiden Seiten von Stacheldraht eingerahmt. Ringsherum standen russische Soldaten, die uns bewachten. Nachdem der Letzte von uns den Eingang passiert hatte, schloss sich das Tor. Sofort suchten wir uns eine Stelle, an der wir etwas Schlaf nachholen konnten. Doch es setzte bald Regen ein. Der durchweichte Boden wurde nun zum Schlafen völlig ungeeignet. Plötzlich peitschten Schüsse über unsere Köpfe hinweg. Unsere Bewacher gaben uns zu verstehen, dass wir uns hinlegen sollten. Wir gingen in Deckung. Die Schüsse wiederholten sich und zielten immer tiefer. Wir pressten unsere Körper in den nasskalten Schlamm und blieben regungslos liegen. Ein paar Minuten später kam ein russischer Soldat auf uns zu. Er war Sachse und sprach fließend russisch. Er warnte uns vor einer Flucht. Seine Haare waren nach hinten glatt gekämmt. Darüber trug er einen Stahlhelm und einen ausgefransten russischen Mantel, der ihn vor dem Regen schützte. Der Mann war groß, beinahe einen Meter neunzig. Seine Augen waren braun und die Brauen buschig. Einen Schnurrbart trug er nicht. Auf seiner Nase thronte eine Nickelbrille mit rundgeschliffenen Gläsern.

„An eurer Stelle würde ich nicht wagen, zu fliehen, denn wer flieht, wird unten am Fluss abgefangen und ohne Gnade erschossen", sagte er. Natürlich dachte jeder daran, zu fliehen. Somit maßen wir dem Blonden kaum Beachtung bei. Am nächsten Tag änderte sich unsere Meinung jedoch schlagartig. Beim Morgenappell wurden zwei tote deutsche Soldaten vor unseren Reihen angeschleift. „Ich hatte euch gewarnt", meinte der Sachse nur und drehte sich um. Ab diesem Zeitpunkt dachte keiner mehr daran, auszubrechen. „Jeder, der flieht, wird auf der Stelle erschossen", wiederholte er im Weggehen.

In den ersten Tagen mussten wir zum Essenholen je dreimal antreten. Riesige Schlangen bildeten sich vor der Ausgabe. Nach einer viertel Stunde kam ich an die Reihe. Es gab eine Handvoll Weizenkörner und ein Stück halb verbrannten Zucker. Er stammte aus den ausgebrannten Lagerhäusern von Königsberg und schmeckte widerlich. Schließlich gab es noch eine Kelle Wasser ins Kochgeschirr. Tage später konnten wir uns zur Arbeit melden. Ich dachte, wenn ich arbeite, bekomme ich auch mehr zu essen und so zählte ich zu den Ersten, die sich meldeten.

Die Pregelbrücke

Königsberg war ein einziges Trümmerfeld geworden. Nichts erinnerte mehr an die herrliche Stadt, die sie einst war. Viele deutsche Gefangene wurden zu einer Eisenbahnbrücke gebracht, die über den Fluß Pregel führte. Auf dem Rückzug wurde die Brücke von der Wehrmacht gesprengt und lag zu einem Teil im Wasser. Unsere Aufgabe bestand darin, große Steine in Säcke zu füllen und als Beschwerung für die Brücke zu benutzen. Während unserer Arbeit lief aus einem großen Lautsprecher deutsche Marschmusik, die uns antreiben sollte. Zu Essen gab es erneut verbrannte Zuckerbrocken, Weizenkörner und Wasser.

Zwei Tage später mussten wir Baumstämme zur Brücke tragen, die mit einem Molotov (Dampfhammer) ins Flussbett gerammt wurden. Darauf legten wir schließlich Balken, auf denen Schienen verschweißt wurden. Die Stämme hatten ein massives Gewicht. Viele unserer Kameraden waren vollkommen erschöpft. Ich ging zu einem russischen Bewacher und bat ihn, das Kommando übernehmen zu dürfen, um es allen leichter zu machen. Mit einem „Ja" wurde mir die Erlaubnis dazu erteilt. Ich rief meinen Kameraden zu, was sie zu tun hatten. „Stamm anfassen, hochheben, auf die Schulter legen und nun im Gleichschritt Marsch!" Links. Rechts. Der Russe grinste und lobte mich.

Am Abend trieb man uns in unsere Unterkunft, den Keller eines ausgebombten Hauses in der Nähe des Pregels. Nach einigen Tagen kam ein russischer Bewacher zu uns und teilte uns mit, dass die Brücke zu einem Teil abgebrannt sei. Das Feuer sei durch Schweißarbeiten ausgebrochen und das Löschen des Feuers zu schwierig gewesen. Für die Bahn war die Brücke unbefahrbar geworden. Wir mussten wieder von vorne beginnen, aber nun wesentlich stärker und härter arbeiten.

Nach einigen Wochen war es sehr heiß geworden. Die Sonne brannte uns auf die Haut. Schweiß rann meine Stirn hinunter. Überall hatte ich Schürf- und Platzwunden. Aus lauter Kraftlosigkeit grub ich mir ein Erdloch, legte mich hinein und schüttete es mit Sand zu. Auf diese Weise wurde mein Körper ein wenig gekühlt. Ein Busch verdeckte den russischen Bewachern die Sicht und so konnte ich mich knapp zwei Stunden vor der Arbeit drücken.

Keiner dachte mehr daran, auszubrechen oder zu fliehen. Uns fehlte einfach die Kraft und so fügten wir uns in unser Schicksal. Nach einigen Wochen war die Behelfsbrücke schließlich fertig. Wir wurden an dieser Stelle nicht mehr gebraucht. So marschierten wir zu unserer nächsten Station, einem Kriegsgefangenenlager bei Goldap, an der östlichen Grenze von Ostpreußen.

Lager Goldap
Im Arbeitslager mit hundert deutschen Soldaten

Das Lager bei Goldap war von den Deutschen für russische Kriegsgefangene errichtet worden und in einem entsprechend schlechten Zustand. Unsere Bewacher ließen uns deutlich spüren, dass sich die Verhältnisse in ihr Gegenteil verändert hatten. Hoher Maschendrahtzaun und Stacheldrahtrollen umgaben eine circa hundert Meter lange und achtzig Meter breite Fläche. Auf den Wachtürmen standen russische Soldaten und beobachteten jeden Zaunabschnitt mit Argusaugen. Hätte jemand von uns die Flucht gewagt, er wäre erschossen worden. Überall befanden sich Hütten, in denen die Gefangenen oder die Befehlshaber hausten. Die meisten Hütten waren in schlechtem Zustand. Doch standen Wachmänner davor und sorgten dafür, dass keiner unerlaubt hinein oder hinaus gehen konnte. Regungslos, die Waffen mit beiden Händen fest umschlossen, standen sie da, stramm und in ihrer typischen Kleidung.

Wir liefen über einen großen freien Platz, direkt auf das Hauptgebäude zu und blieben davor stehen. Ein dicklicher Mann kam heraus und musterte uns zunächst. Es war ein Major, soviel verrieten die Rangabzeichen auf seiner Uniform. Er sprach zu seinen Untergebenen. Wir wurden in Gruppen aufgeteilt. Schon nach dem ersten Tag war mir klar, dass es eine schwere Zeit werden sollte. Die Verpflegung war sehr schlecht und ich hatte Glück, wenn ich den Abfall des Lagerpersonals essen konnte, der aus Kartoffelschalen, Knochen mit Fleischstücken oder dergleichen bestand. Ich machte mit einem Russen sogar einen Handel und bot ihm für Nahrung die Reparatur seines Fahrrades an. Er war einverstanden und gab mir eine Kombizange. Diese versteckte ich unter meinem Lager. Es bestand aus einem Strohsack und ein paar Brettern, die ich in einer düsteren Ecke des Camps gefunden hatte. Von Läusen und Flöhen geplagt, vegetierten wir dahin. Ständig kratzten wir uns am gesamten Körper und versuchten, das Ungeziefer los zu werden. Nach kurzer Zeit war unsere gesamte Haut krebsrot.

Als ich einige Tage später damit beschäftigt war, amerikanische Lastwagen zu reinigen, rief mich ein russischer Offizier zu sich. Ich sollte eine Toilettenschüssel in einem Haus außerhalb des Lagers auswechseln. Da ich die Schrauben nicht lösen konnte, versuchte es der russische Leutnant selbst. Er beugte sich hinunter. Mir kam in meiner Verzweiflung der Gedanke, auf den Leutnant einzuschlagen, um in die Freiheit zu gelangen. Ich hob den Hammer, den ich in der Hand hielt. Im gleichen Moment ertönte außerhalb des Hauses ein Ruf von einem anderen russischen Soldaten: „Frannek!" Der Offizier blickte nach oben und riss mir das Werkzeug aus der Hand. Er brachte mich sofort wieder zu den anderen Gefangenen. Da jedoch der Vorfall keine Konsequenzen hatte, ging ich davon aus, dass er mich nicht verraten hatte.

Jetzt kam unser Arbeitseinsatz. Früh morgens, gegen fünf Uhr dreißig traten wir an und marschierten aus dem Lager. Wir wurden streng bewacht und immer wieder geschlagen. Der Weg führte zu einer Bahntrasse, die sich etliche Kilometer hinzog. Ein Dolmetscher erklärte uns, was man von uns erwartete. Wir sollten die Bahnschienen abbauen. Ein Trupp von ungefähr sechs Mann ging voraus und löste die Schrauben. Dann kam ein Bahnwagen, auf dem Rollen montiert waren. Ein anderer Trupp, zu dem knapp zehn Männer zählten, musste die schweren Schienen heben und vorwärts auf einen flachen Bahnwagen legen. Dort schoben sie die Schienen auf Rollen weiter nach vorne. Unsere Bewacher schrien und trieben uns mit Stockschlägen an.

Nach einer Weile machten wir eine Rast. Einige Russen hatten ein Feuer gemacht und Kartoffeln hinein gelegt. Im Schneidersitz saßen sie davor. Ich wollte mir die Kartoffelschalen holen, die sie weggeworfen hatten. Sie lagen einige Meter von ihnen entfernt und ich glaubte nicht, dass sie mir etwas tun würden. Ich versuchte es schließlich. Plötzlich bekam ich Stockschläge auf Hinterkopf und Rücken. Es war ein Russe, der hinter mir stand und den ich nicht bemerkt hatte. Gierig aß ich die Schalen, die ich noch greifen konnte. Kleine Kartoffelstücke hingen noch an ihnen. Ich stopfte sie mir allesamt in den Mund, ehe der junge russische Bewacher sie mir aus den Händen schlagen konnte.

Die Lage wurde immer schlimmer und schien von Tag zu Tag auswegloser. Wieder tauchte ein Offizier im Lager auf und ließ uns antreten. Es sollten sich alle Männer melden, die von Beruf Schlosser oder Elektriker waren, um die in Deutschland abgebauten Fabriken in Sibirien oder im Ural wieder aufzubauen. Gutes Essen und Heimkehr nach wenigen Jahren wurden von ihm garantiert. Ich meldete mich, wie viele andere auch und durfte an diesem Tag sogar im Lager bleiben. Das Essen war an diesem einen Abend besonders gut. Wir warteten auf die Lastwagen, die uns zur nächsten Bahnlinie transportieren sollten. Ich nutzte die Zeit und beschäftigte mich den ganzen Tag damit, meine Flucht vorzubereiten. Um meine Absichten nicht offen zu legen, machte ich mir keine Aufzeichnungen. Wahrscheinlich wäre ich schon wegen eines Fluchtversuches erschossen worden.

Langsam wurde es dämmrig. In meinem Lager saßen vier Kameraden um mich herum. Die Anzahl der Mitwisser musste begrenzt bleiben, denn wir hatten alle Angst vor den Folgen eines Verrats. Sie waren bereit, mit mir auszubrechen und lauschten meinen Ausführungen aufmerksam. Keiner wollte bei der bevorstehenden Flucht einen Fehler begehen. Knapp eine halbe Stunde lang erzählte ich ihnen davon. Jeder hatte Fragen dazu. Einige brachten ihre Ideen mit ein, für die alle dankbar waren, denn manche Dinge wurden nicht bedacht. Schließlich war der Plan für unsere Flucht bereit zur Umsetzung.

Am darauffolgenden Tag waren die Wachposten betrunken. An jedem Feiertag bekamen sie Wodka. Dies war unsere Gelegenheit, denn nun kümmerten sie sich weniger um das, was in ihrem Lager passierte. Wir mussten unsere Flucht versuchen oder aufgeben. Ich lief unbemerkt zu meinem Geheimversteck, hob den Sack zur Seite und die Bretter in die Höhe. Mit der rechten Hand griff ich die Kombizange und klemmte sie zwischen meine Zähne. Nun waren beide Hände wieder frei und ich konnte den alten Zustand wieder herstellen. Mehrmals lief ich so leise wie möglich zum Zaun und anschließend wieder zurück. Immer wieder fielen meine Blicke auf die Wache. Vorsichtig schnitt ich den Maschendraht von unten nach oben auf und beobachtete gleichzeitig die Bewacher. Nach einiger Zeit war er offen und durchgängig. Ich markierte ihn, um die Stelle wiederzufinden, an der wir in die Freiheit gelangen sollten und schnürte anschließend mit etwas grünem Draht den Zaun zusammen, so dass es den Anschein hatte, als wäre alles noch unbeschädigt. Nachdem ich sicher war, dass alles unbemerkt geblieben war, lief ich zurück zum Lager, wo meine Kameraden bereits ungeduldig auf mich warteten.

„Herbert, nimm nur das Wichtigste mit. Lass alles andere da. Wir müssen rennen können und ein Rucksack würde nur stören, denn der wäre zu schwer. Nimm am Besten nur mit, was in deine Taschen passt", ermahnten sie mich. Nach kurzer Zeit kam unsere Chance. Ein Posten, der zwanzig Meter entfernt war, wurde nicht rechtzeitig abgelöst und ging deshalb immer weiter von unserer Ausbruchstelle weg. Wir liefen an den Zaun und sahen uns dabei nach allen Seiten um. Ich hatte eines der Holzbretter meines Schlafplatzes unter meinem Arm. An unserem Ausgang knotete ich die Schlaufe auf und rollte den Zaun zusammen. Daraufhin legten wir das Brett über die Stacheldrahtrolle, die sich vor dem Zaun befand. Sie wurde unter unserem Gewicht zusammengedrückt. Einer nach dem anderen sprang in die Freiheit. Doch als es so schien, als ob alle es geschafft hatten, kam es zum Zwischenfall. Der letzte Mann versuchte durch den Zaun zu gelangen, doch er schlug unbeabsichtigt sein Kochgeschirr an den Draht. Ein lautes Klirren war zu hören, das jeden im Lager aufschreckte und sogleich Alarm auslöste. Schreie, Scheinwerfer, Schüsse. Es war ein einziges Tohuwabohu. Vor dem Lager befand sich ein frisch gepflügtes Feld, auf dem nur noch ein paar Stoppeln wuchsen. „Hinlegen!", schrie ich den anderen zu. Ein Scheinwerfer strich über die Landschaft. Als es um uns für einen Moment lang dunkel wurde, lief ich zu einer etwa fünfzig Meter entfernten Hütte. Es war unser vorher vereinbarter Treffpunkt. Jeder rannte um sein Leben. In der Hütte angekommen, atmeten alle auf und blickten sich um. Doch einer fehlte. Er war anscheinend zurück ins Lager gelaufen, aus Angst erneut gefangen und später erschossen zu werden. Nun war er ein Sicherheitsrisiko, denn bestimmt verhörte man ihn. Wir mussten schnellstens unsere Flucht fortsetzen. Ein paar Kilometer westlich kamen wir zu einem Bahndamm. Er lag auf einer Anhöhe. Unter den Schienen lagen Steine, die russische Kriegsgefangene dort verlegt hatten. Zwischen den Schienen hasteten wir so schnell wir nur konnten weiter. Ab und zu legten wir ein Ohr auf das Metall und horchten, ob wir verfolgt wurden. Nach einigen Stunden bestätigte sich der Verdacht.

Ich suchte nach einem Ausweg. Auf unserer rechten Seite befand sich ein Feld. Es war die beste Möglichkeit, um sich von den Gleisen zu lösen. Nachdem wir einen Kilometer vom Bahndamm entfernt waren, erblickten wir im Mondlicht die Stacheldrahtbarriere einer verlassenen deutschen Verteidigungslinie. Es gab nur die Möglichkeit, darunter hindurch zu kriechen und dabei aufzupassen, nicht auf eine Mine zu treten. Nach weiterem Fußmarsch kamen wir in ein leeres Grabensystem, das zu einem verlassenen Unterstand führte. Seit einiger Zeit war hier niemand mehr gewesen. Es war eine kleine Holzhütte und diente offensichtlich als Munitionslager, denn überall lagen Gewehre, Panzerfäuste und anderes Kriegsmaterial auf dem Boden herum. Wir beschlossen, die nächsten Stunden hier zu verbringen, um uns ein wenig auszuruhen, schließlich hatten wir die Verfolger abgeschüttelt. Wir fanden etwas zu Essen, Kleidung und Kochgeschirr und waren vorerst in Sicherheit.

Zum ersten Mal konnten wir uns seit der Gefangennahme satt essen! Es war ein neues Gefühl und wir kamen in Gedanken unserem großen Ziel, der Heimat, ein kleines Stück näher. Es kam zu langen Gesprächen und Witzen, bei denen jeder lachen musste. Auf diese Weise verdrängten wir für einen Augenblick, dass wir uns im Krieg befanden. Niemanden störte es, dass draußen verwesende Pferde und Kühe herumlagen, die einen üblen Geruch verbreiteten. Ich tauschte meine Uniformjacke gegen eine russische Soldatenjacke, die ich gefunden hatte. Einer meiner Kameraden machte ein kleines Feuer und holte ein paar Bohnen aus einem Schrank, der sich neben dem Ofen befand. Nachdem wir unser Essen zubereitet hatten und es in Milchkannen gefüllt hatten, verließen wir das Versteck und suchten den nächsten Wald auf, der sich in westlicher Richtung dahinzog.

Die Flucht durch Ostpreußen

Es hatte angefangen zu regnen. Ein ungeheurer Sturm hatte sich über unseren Köpfen zusammengebraut und traf uns auf halber Strecke. Den Schutz der Bäume hatten wir seit über einer Stunde verlassen. Nirgendwo war ein Unterschlupf zu finden. Es regnete in Strömen und schon nach wenigen Minuten war unsere Kleidung völlig durchnässt. Ein kalter Wind blies meinen Kameraden und mir ins Gesicht und ließ uns frieren. Nach ein paar Stunden entdeckten wir vor uns eine Scheune, auf die wir im Gänsemarsch zuliefen. Sie stand auf einer freien Fläche. Auf dem Weg dorthin gab es keinen Schutz, so dass wir uns immer wieder nach allen Seiten nach Feinden umsehen mussten. „Wenn die Scheune leer ist, dann wird sie unser Nachtquartier sein", meinte ich zu den anderen. Wir liefen zu einem Busch, der in der Nähe stand. Es war der einzige Platz, an dem man sich verstecken konnte. Groß war dieses Gestrüpp nicht, doch bot es jedem gerade genug Deckung, um nicht gesehen zu werden. Zunächst mussten wir sicher sein, dass niemand in der Scheune war, dort schlief oder patrouillierte. Aus meiner Tasche kramte ich zwei Steine, die ich immer bei mir trug. Ich warf einen davon gegen die Tür. Nichts passierte. Um sicher zu gehen, warf ich einen weiteren Stein dagegen und wartete. Wieder kam keine Reaktion. Leise lief ich auf die Tür zu und klopfte. Als niemand öffnete, drückte ich die Klinke herunter und die Holztür sprang mit einem knarrenden Geräusch auf. In der Scheune roch es nach Holz und Stroh. Wir blickten uns um, doch in der Dunkelheit der Nacht war nicht viel zu erkennen. Zunächst zogen wir unsere nassen Kleidungsstücke aus und hängten sie auf ein Seil, das einer meiner Kameraden bei sich hatte. Wir spannten es von einer Ecke der Scheune zur anderen. Danach verkrochen wir uns im Stroh, das uns ein wenig warm halten sollte.

Am nächsten Morgen wachte ich erschrocken auf. Stimmen hallten von draußen zu mir herein. Sie wurden immer deutlicher. Plötzlich ging die Tür auf. Zwei junge Männer traten herein. Sie bemerkten uns nicht. Beide hatten einen Schnauzbart, schwarze Haare und trugen zivile Kleidung. Es waren Russen oder Polen, genau wussten wir es nicht. Sie hängten unsere Kleidung ab und verließen die Scheune wieder. In Unterhose rannte ich ihnen hinterher. Einer der beiden hatte ein Fahrrad und klemmte unsere Kleidungsstücke auf seinen Gepäckträger. Beide waren im Begriff zu verschwinden. Da wir ohne unsere Kleidung nicht weiterziehen konnten, musste ich etwas unternehmen. Ich rannte so schnell ich konnte hinter dem Fahrrad her und riss dem Dieb die Kleider vom Gepäckträger. Er stürzte. Panikartig ergriffen beide die Flucht. Zurück in der Scheune zogen wir uns die Kleidung wieder an und setzten unseren Weg fort.

Wir kamen an ein kleines Wäldchen mit einigen wenigen großen Bäumen. Kurze Zeit später erreichten wir wieder ein freies Feld. Es schien brachzuliegen. Nach weiteren zweihundert Metern trafen wir erneut auf ein Waldstück. Als wir wieder herauskamen, tauchte plötzlich ein Trupp bewaffneter Männer auf. Sie hielten direkt auf uns zu. Einige von ihnen saßen auf Pferden, die anderen benutzten Fahrräder oder liefen zu Fuß. Schnell waren wir umzingelt. Sie sahen uns mit böswilligen Mienen an und fesselten uns die Hände auf dem Rücken. „Dokument, Dokument", verlangten sie immer wieder, doch genau diese besaßen wir nicht. Mit Schlägen wurden wir vorangetrieben.

Nach knapp einer halben Stunde sahen wir links von uns einen dichten Fichtenwald. Ich flüsterte meinen Kameraden zu, dass sie in den Wald laufen sollten, sobald ich das Kommando dazu gab. Plötzlich fing ich lauthals an, zu schreien. Die anderen hielten mit. Keine zwei Sekunden später rannten wir los. Pistolenschüsse peitschten uns um die Ohren, doch niemand wurde getroffen. So schnell es ging brachen wir in das Unterholz ein. Dünne Äste schlugen uns ins Gesicht. Als wir aus dem Wald herauskamen, glaubten wir, wieder frei zu sein. Doch er war nur dreißig Meter tief gewesen und bald schon hatten uns die Osteuropäer auf der anderen Seite wieder eingefangen. Diesmal fesselten sie uns wesentlich fester als zuvor, so dass uns die Seile ins Fleisch schnitten. Unter ständigen Schlägen brachten sie uns auf die russische Kommandantur. Wir blieben vor einer Frau stehen. Sie war der Kommandant und sprach fließend deutsch. Zunächst schaute sie auf unsere Kleidung und wir erzählten ihr die Wahrheit. Wir berichteten ihr, daß wir gearbeitet hatten. Bei jedem Satz schlug sie auf uns ein. Sie sagte sie sei Jüdin und hasse aus diesem Grunde alle Deutschen. Sie hielt uns die Verbrechen von Hitler vor, und uns wurde verständlich, warum sie mit uns auf diese Weise umging. Als wir ihr jede Frage beantwortet hatten, sperrte man uns ein. Kurze Zeit später mussten wir wieder antreten und uns in einer Reihe aufstellen. Nachdem wir uns auf Befehl vollständig entkleidet hatten, mussten wir zehn Meter nach vorne gehen. Man durchsuchte unsere Kleider. Mein Klappmesser, dass ich bei mir trug, hatte ich in einem unbeobachteten Moment unter der Kleidung in den Sand eingegraben. Zum Glück fanden sie es nicht. Ich konnte es beim Anziehen wieder an mich nehmen.

In der selben Nacht konnten wir wieder fliehen und entkamen einer erneuten Folter. Wir irrten durch die Dunkelheit und rannten so schnell es ging von dem Ort weg, an dem wir gefangen waren. Es dauerte nicht lange, bis wir verfolgt wurden. Als es langsam hell wurde tat sich vor uns ein großer Wald auf. Wir liefen hindurch und fanden auf der anderen Seite riesige Seen, die nur durch dünne Landstriche voneinander getrennt waren. Es waren die Masurischen Seen. Diese Landstriche waren von russischen Soldaten streng bewacht. Wir versteckten uns im Gebüsch und warteten ab. Auf dem See sahen wir Boote, auf denen russische Soldaten mit ihren Angeln und Köchern Fische fingen. Am Abend machten die Soldaten ihre Boote an Bäumen fest und kehrten in ihre Unterkunft zurück. Das war unsere Chance. Wir griffen uns ein Boot und versuchten, so schnell wie möglich den See zu überqueren. Die Sonne war längst untergegangen und es dämmerte. Der Abendstern stand bereits am Himmel. Nach einiger Zeit befanden wir uns auf der Mitte des Sees.

Plötzlich wurde Alarm ausgerufen. Die Russen begannen, auf unser Boot zu schießen. Durch die Einschusslöcher lief Wasser. Glücklicherweise hatten sie keinen von uns erwischt, doch wir mussten wieder an Land ehe das Boot unterging. „Schneller, wir müssen schneller rudern", schrie ich zu den anderen. Das Boot füllte sich knöcheltief mit Wasser. Nachdem wir es gerade rechtzeitig an das andere Ufer geschafft hatten, rannten wir so schnell wie möglich in den angrenzenden Wald hinein. Unsere Verfolger schrien und schienen sehr wütend zu sein. Wir hetzten weiter, um einer erneuten Gefangennahme zu entgehen. Mit Schürfwunden stiegen wir einen Hügel hinauf. Rutschiges Gras befand sich unter unseren Füßen. Immer wieder fiel einer von uns zu Boden und beschmutzte seine Kleidung mit Schlamm. Mühsam ächzten wir hinauf. Schließlich hatten wir es geschafft. „Stoy, rucci wiersch!", schrie plötzlich jemand hinter uns und schoss in die Luft. Jetzt rannten wir um unser Leben. Jeder sprang hin und her, um in einer Art Zickzacklauf den Geschossen zu entgehen. Einer unserer Kameraden war zurückgeblieben und befand sich unmittelbar vor den Verfolgern. In Verzweiflung und Todesangst setzte er sich in einen Graben. „Jetzt komm!", schrie ich. „Wir müssen weiter, sonst haben die uns gleich". Die anderen waren bereits zweihundert Meter entfernt. Ich konnte ihn nicht aus seiner Starre befreien. Schließlich gaben alle auf, denn keiner wollte unseren Kameraden im Stich lassen. Wir nahmen die Hände hoch und liefen auf die Russen zu. Sie fesselten uns und wir mussten ihnen zu einem großen Bauernhof folgen.

Auf einer Koppel vor dem Gehöft standen viele Pferde, die nach Russland geschickt werden sollten. Es war eine Vielfalt an Farben und Rassen. Als wir in die Wohnräume des Bauernhauses kamen, hatten unsere Bewacher sich eine neue Möglichkeit ausgedacht, uns zu erniedrigen. Jeder Gefangene musste eine apfelgroße

Zwiebel essen. Andernfalls, so drohten sie, würden wir erschossen werden. Verkrampft biss jeder hinein. Uns liefen die Tränen aus den Augen. Das amüsierte wiederum die Russen. Sie ließen sich lachend zu Boden fallen. Als alles vorbei war, wurden wir in ein kleines Zimmer gesperrt, dessen einziges Fenster von außen mit Brettern zugenagelt war. Unsere Bewacher legten sich im vorderen Zimmer zum Schlafen auf den Boden nieder.

Am nächsten Morgen wurde uns die Aufgabe zuteil, die Pferde zu versorgen, die sich auf der Koppel befanden. Wir hatten sie zu füttern, zu bürsten und zu striegeln. Auf dem Boden stand ein Eimer Wasser, in einer Ecke ein Futtertrog. Da es sehr viele Tiere waren, verbrachten wir fast den gesamten Tag mit unserer Aufgabe. Als wir schließlich fertig waren, sahen wir, dass unsere Bewacher mehrere Fahrräder gefunden hatten. Die Räder hatten jedoch keine Schläuche und keinen Mantel mehr. Lediglich die Speichen und Felgen waren übrig geblieben.

Ich bot Ihnen an, die Fahrräder zu reparieren. Schnell lief ich in die Hütte und band das Zugseil von einer Winde, die die Aufgabe hatte, das Heu auf den Speicher zu heben. Dieses Seil war sehr dick und robust. Ich spannte es um die Radfelgen und befestigte es mit Draht. Als meine Erfindung fertig war, machte ein Russe eine wackelige Probefahrt. Die anderen rannten in kindlicher Freude neben ihm her. Jetzt erkannten sie in uns keine Feinde mehr und wurden unvorsichtiger. Wir konnten uns nun ungehindert auf dem gesamten Gutshof aufhalten und umherlaufen.

Eines Morgens nahm ich aus einem Hühnernest ein Ei heraus, um es auf dem Toilettenhäuschen auszutrinken. „Pan Jaica Zapzarap", schrie ein Russe sofort, als er das bemerkte. Auch meine Kameraden versuchten sich mit Essbarem zu versorgen. Sie liefen durch das Vorderhaus und fanden in einer Räucherkammer einige große Schinkenlaibe. Wir aßen uns satt und nahmen uns zwei große Brotlaibe und weitere Schinken, ohne dass es die Russen bemerkten. Scheinbar hatten sie die Vorräte noch nicht einmal entdeckt. Wir versteckten das Fleisch und hofften auf eine günstige Gelegenheit zur Flucht. Endlich konnten wir an diesem Tag unsere Unterwäsche waschen und sie in der Sonne trocknen.

Plötzlich teilte man uns mit, dass wir am nächsten Tag in ein Arbeitslager abtransportiert werden sollten. Es war höchste Zeit, sich aus dem Staub zu machen. Die einzige Möglichkeit bot sich uns nachts, denn dann hatten die Russen ihren Wodka getrunken. In ihrem Zustand hätten sie uns kaum verfolgen können. „Geht ganz leise und vorsichtig an den Russen vorbei. Sie dürfen keinen Verdacht schöpfen", meinte ich zu ihnen. „Sollte ein Soldat fragen, wo ihr hin möchtet, antwortet ihm, dass ihr auf die Toilette müsst". Einer nach dem anderen lief an den Bewachern vorbei. Drei meiner Kameraden waren bereits vor dem Haus, als plötzlich ein Soldat aufschreckte. „Stoy!", schrie er. Wir liefen zu unserem Versteck und holten die Nahrungsvorräte. Zu unserem Glück war es stockfinster und es regnete in Strömen. Unsere Bewacher konnten uns nicht ausmachen. Wir rannten einen Damm hinunter, über den Bach, dann wieder den anderen Damm hinauf und über einen Acker. In weiter Entfernung konnten wir die Russen hören, die wie verrückt um sich schossen, da sie nicht wussten in welche Richtung wir liefen. Nach ein paar Kilometern, unsere Kleidung war wieder vollkommen durchnässt, kamen wir auf ein Feld. Stoppeln von Stroh schauten aus dem Boden heraus und überall waren riesige Strohhaufen, die auf Holzböcken aufgetürmt waren. Die Holzböcke hoben das Stroh knapp fünfzig Zentimeter vom Boden ab, so dass es durch den Regen nicht anfing, zu schimmeln. Um uns vor dem Regen zu schützen, krochen wir unter die Holzböcke und warteten ab. Schlafen konnte in dieser Nacht keiner von uns, doch zumindest war es trocken und wir konnten ein wenig ausruhen.

Am nächsten Tag schien die Sonne und unsere Kleidung wurde wieder trocken. Unser Weg führte Richtung Westen. Die Sonne half uns dabei. Ich nahm meine Kompassnadel zur Hand, die ich unter dem Band meines Tirolerhutes versteckt hielt und pendelte sie aus. Es war eine einfache und gute Konstruktion. Ich hatte einen Faden durch einen Wachspfropfen an der Aufhängung der Nadel befestigt. Diese zeigte, wie in einem intakten Kompass, immer nach Norden. Damit verhinderte ich, im Kreis zu laufen und konnte auch bei Nacht immer die richtige Marschrichtung nach Westen finden. Zusätzlich stand mir eine Landkarte von Ostpreußen zur Verfügung, die ich zwischenzeitlich in der Brusttasche eines gefallenen deutschen Soldaten gefunden hatte.

Der Mond war von dunklen Wolken verdeckt, die Sterne waren verschwunden und Licht gab es nirgendwo. In der Ferne blitzte immer wieder etwas hell leuchtend auf. Dass es sich dabei nicht um Gewitter handelte, war uns allen klar, schließlich waren wir im Krieg. Es waren Detonationen. Der Wind rauschte durch unser Haar und trieb den Lärm des Bombenhagels zu uns herüber. Seit Stunden liefen wir durch diese Gegend. Ein Baum glich dem anderen, eine Abwechslung gab es nicht. Vor uns tauchte eine große Weidefläche auf, deren Grasstoppeln seit Wochen keinem Weidetier als Futter gedient hatten. Sie erschien uns wild und verlassen. Wir setzten den Weg fort und hofften darauf, dass es endlich Tag wurde. Erneut führte ein ausgetretener Pfad in einen Wald hinein. Stunden später kamen wir wieder auf eine Grünfläche. „Moment!", meinte Fritz „waren wir hier nicht schon einmal?" Wir bemerkten, dass wir trotz meines selbstgebauten Kompasses im Kreis gelaufen waren. Langsam wurde es hell und wir setzten uns in das taufrische Gras. Es war kalt, doch die Sonne stieg am Himmel auf und wärmte uns ein wenig.

Als jeder sich wieder gut fühlte, ging der Weg weiter. Nach etlichen Stunden, es dämmerte bereits und wir waren müde, entdeckten wir vor uns ein Dorf. Ich nahm meine russische Maschinenpistole, die ich unterwegs gefunden hatte, schussbereit in die Hände. Meine Kameraden hatten sich unterwegs mit Handgranaten bewaffnet, die sie in ihren Taschen aufbewahrten.

Mit langsamen Schritten bewegten wir uns auf das Dorf zu, um möglichst keine Aufmerksamkeit zu erregen. Im Gleichschritt setzten wir einen Fuß vor den anderen. Auf einmal hallte ein lauter Ruf aus dem Gebüsch am Dorfrand zu uns herüber. Uns trennten gerade mal hundert Meter. „Stoy, stoy, rucci, wiersch", schrie jemand. Es waren Russen, die sich vor uns befanden. Starr und wie gebannt blickten wir zu dem entfernten Gebüsch hinüber. „Lasst eure Handgranaten fallen", sagte ich leise zu meinen Kameraden, sodass unsere

Feinde es nicht hören konnten. Gleichzeitig ließ ich die Maschinenpistole zu Boden gleiten. „Jetzt nehmt die Hände hoch und lauft vorsichtig auf die Russen zu!"

Fünf Männer kamen aus ihrem Versteck heraus und hatten ihre Waffen auf uns gerichtet. Jeden Augenblick konnte ihr Befehlshaber uns erschießen lassen. „Stoy!", schrie der russische Kommandant und sah uns wutentbrannt in die Augen. „Lauft langsam weiter, wir müssen von unseren Waffen wegkommen", meinte ich. Bewaffnet und ohne reguläre Uniform galten wir als Partisanen. Hätten sie uns näher herankommen lassen und unsere Waffen entdeckt, wären wir sofort erschossen worden. Wir legten unsere Hände in den Nacken. Als wir die Russen erreicht hatten, wurden wir von ihnen visitiert. Einer von ihnen fasste in meine Hosentaschen und fand darin zu meinem Schrecken eine Patrone, die noch von der weggeworfenen Maschinenpistole stammte. Wütend schrie er mich an und hielt sie mir vors Gesicht. Sein Finger zitterte am Abzug und ich dachte bereits an mein Ende. Blitzartig kam mir eine Idee. „Pan spitschki", sagte ich zu ihm, entriss ihm die Patrone, entfernte das Geschoss, leerte das Pulver auf meine Handfläche und zeigte es ihm. „Feuer!", meinte ich. Verwundert blickte mich der Soldat an, doch er schien mir ohne Zweifel zu glauben. „Wo kommt ihr her und wohin wollt ihr?", übersetzte unser Dolmetscher die Frage des Russen. „Wir haben in Frankenort gearbeitet und wollen nun nach Lötzen." Meine Ortskenntnisse überraschten ihn. Schließlich ließen sie uns weitergehen. „Bleibt jetzt bloß ruhig", sagte ich. „Langsam weitergehen und sobald wir hinter den Büschen sind, rennt ihr so schnell ihr nur könnt." Kaum waren wir in Deckung, lief jeder um sein Leben. Wir versteckten uns im angrenzenden Wald. Als es stockfinster war, suchten wir uns einen geeigneten Schlafplatz und schliefen sofort ein. Von nun an nahmen wir uns vor, nur noch am Tag zu laufen. Wir wurden vorsichtiger, wenn auch noch nicht vorsichtig genug.

Am nächsten Morgen wachten wir durch ferne Gewehrschüsse auf. Vorsichtig streckte einer von uns seinen Kopf aus unserem Versteck, einem Granattrichter, und blickte sich um. „Und, erkennst du etwas?", fragten wir ihn. „Nein, hier ist alles ruhig", entgegnete er. Wir atmeten auf. Jetzt war nur noch das Rauschen des Windes und das Rascheln der Blätter zu hören.
Ich hatte großen Hunger, denn seit einiger Zeit waren die Vorräte bereits aufgebraucht. Jeder von uns hatte das gleiche Schicksal zu erdulden. In dieser Situation lag auch etwas Trost. Schließlich packten wir unser Gepäck zusammen und liefen eine Anhöhe hinauf. Oben angekommen erblickten wir in einiger Entfernung ein Bauernhaus, hinter dem sich ein großes Feld befand. „Was für eine Idylle", meinte ich. „Keine Russen und keine Deutschen zu sehen." Die anderen lachten. Leichtsinnig, wie wir waren, gingen wir in das Haus hinein. Jedes einzelne Zimmer wurde nach Essbarem durchsucht. Wir wühlten in Truhen, Schubladen, Schränken und Holzkisten, die auf dem Boden lagen und vergaßen, eine Wache aufzustellen. Schließlich fanden wir auf dem Speicher noch Weizenkörner, die vom gelagerten Stroh übrig geblieben waren. Wir kochten eine Suppe und aßen sie im vorderen Zimmer.
Plötzlich wurde die Tür aufgestoßen. Herein kam ein junger Russe, der mich sogleich erblickte und erschrak.

Eine Waffe trug er nicht bei sich. „Woina kaputt", meinte er. „Ja, wir wissen, dass der Krieg vorbei ist", entgegnete der Dolmetscher auf russisch. „Polski, Njemetzki?", fragte er uns daraufhin und wollte wissen, ob wir Polen oder Deutsche seien. In dem Augenblick kam einer von uns aus dem Nebenzimmer und trug noch seine deutsche Uniformjacke. „Njemetzki!", schrie der Russe und rannte aus dem Haus. „Franek Suda!", rief er nun von draußen. Es musste der Name seines Kameraden gewesen sein, der sich noch auf dem Heuboden befand und dort nach Getreide suchte.

Vor dem Haus stand ein mit zwei Pferden bespannter Leiterwagen. Der Russe riss den Deckel des Fahrersitzes auf und holte ein Gewehr heraus. Zum Glück war ich ihm nachgeeilt und hatte es bemerkt. „Stoy, Pan!", schrie ich und hatte die rechte Hand in der Jackentasche. Mit ihr formte ich, wie es die kleinen Kinder bei Räuberspielen machen, eine Pistole und richtete sie auf ihn. In seiner Aufregung schlug er sogleich den Deckel wieder zu, setzte sich auf den Sitz und nahm die Zügel in die Hand. Augenblicklich setzte sich das Gefährt in Bewegung, während der andere Soldat noch rechtzeitig auf den Wagen springen konnte. Es war sicher, dass sie Verstärkung holten. Also rafften wir eilig unsere Sachen zusammen, füllten etwas Suppe in eine Milchkanne und machten uns auf den Weg. So schnell es nur ging liefen wir durch den Wald. Plötzlich hörten wir wieder Stimmen. Unsere Feinde hatten uns anscheinend den Weg abgeschnitten. Zufällig tauchte vor uns ein Granattrichter auf. Wir sprangen hinein und bedeckten unsere Körper mit herumliegenden Ästen. Die Russen kamen sehr nahe an uns vorbei. Einen von ihnen konnte ich erkennen, da er unmittelbar neben dem Erdloch entlang lief. Ihm schienen die Zweige nicht seltsam vorzukommen, denn er ging zu seinen Kameraden zurück. Den Stimmen nach waren es über zwanzig gewesen. Zum Glück entdeckten sie uns nicht.

Erst in der darauffolgenden Nacht wagten wir uns wieder aus unserem Versteck. Vor dem Wald befand sich ein flaches, ebenes Land, indem in etwa fünfhundert Meter Entfernung ein Dorf lag. Hinter uns fiel das Gelände ungefähr zwanzig, bis dreißig Meter ab. Es war ein riesiger Steinbruch, der uns einen Blick über den Wald bescherte und uns ein wenig die Chance zur Orientierung gab. Vor dem Waldrand ästen Rehe.

Plötzlich vernahmen wir einen lauten Knall. Ein Reh fiel ächzend zur Seite. Nach kurzer Zeit, blieb es reglos liegen. Wir waren vollkommen überrascht, zumal wir nirgendwo einen Jäger ausfindig machen konnten. Wir warteten ab. Wenig später tauchte ein russischer Soldat auf und lief auf das tote Reh zu. Als wir das sahen, kam uns der Einfall, dem Jäger die Beute streitig zu machen. „Hallo, du da!", schrien wir aus Leibeskräften und waren sichtlich überrascht, dass sich der Widerhall anhörte, als wären über dreißig deutsche Soldaten in der Nähe.

So schnell er nur konnte rannte der Russe davon und blickte sich noch nicht einmal um. Er rannte so hastig, dass er im nassen Laub ausrutschte und hinfiel. Doch sofort richtete er sich wieder auf und rannte weiter. Uns blieb nicht viel Zeit. Wir holten das Reh und zogen es tief in den Wald hinein.

Kurz darauf kamen mindestens zwanzig Soldaten auf den Wald zugerannt und schossen mit ihren Gewehren um sich. Doch Bäume und Büsche gaben uns guten

Schutz. Zudem begann es bereits zu dämmern. Kurz vor dem Wald hielten sie inne und warteten. Ihnen konnte man die Angst in den Gesichtern ansehen. Sie wussten nicht, wie viele Deutsche sich in dem Wald verschanzt hatten und waren aus diesem Grund äußerst vorsichtig. Doch dann wagten sich die ersten mutigen Soldaten in das Dickicht. Die Sache wurde brenzlig. Schnell hob ich einen großen Stein vom Boden auf und warf ihn weit von uns weg. Er landete irgendwo im Laub, rollte einen Hang hinunter und lenkte die Russen ab. Offensichtlich glaubten sie, dass es sich um einen Soldaten handeln würde, der die Böschung hinunterlief. Sie schossen aus allen Rohren, doch trafen sie nichts weiter als den nassen Boden des Waldes.

Schließlich wurde es dunkel und die Russen machten sich auf den Weg zu ihrem schützenden Lager. Sicherlich würden sie wiederkommen, sobald die Sonne aufging. Wir banden dem Reh die Vorder- und Hinterläufe zusammen, zogen einen großen Stock zwischen den Läufen hindurch und schulterten das Tier. Auf diese Weise liefen wir die ganze Nacht hindurch im Licht des Mondes durch den Wald.

Als es wieder hell wurde, waren wir weit genug von unseren Verfolgern weg und fingen an, das Reh auszuweiden. Zunächst schnitten wir den Bauch auf und entfernten all das, was wir nicht essen konnten. Völlig überrascht stellte ich fest, dass im Bauch des Tieres noch ein Kitz war. Es schockierte mich und sorgte dafür, dass mir der Hunger beinahe verging. Trotzdem schnitten wir das Fleisch des Muttertieres in kleine Stücke, steckten sie auf einem Holzspieß auf und brieten es über dem Feuer. Nach dem Essen begrub ich das Kitz in einem kleinen

Loch in der Erde, um den Russen keine Hinweise auf unsere Anwesenheit zu geben. Ich ging zu den anderen zurück, legte mich auf den Boden und nutzte meine Jacke wieder als Decke.

Am nächsten Morgen zogen wir uns an, packten die restlichen Fleischstücke in unsere Taschen und liefen auf einem Waldweg weiter Richtung Westen. Wildes, hohes Gras bedeckte den Boden, dessen Spitzen vom Morgentau befeuchtet waren.

Auf einmal entdeckten wir im Gras eine schnurgerade Spur. „Wer könnte das gewesen sein?", fragte mich einer meiner Kameraden. Wir folgten den Abdrücken, denn solange sie sich vor uns befanden, fürchteten wir keine Gefahr. Nach ein paar Kilometern hörte die Spur plötzlich auf und nur noch das hohe Gras war zu sehen. Sofort blieben wir stehen und horchten auf, da wir nicht genau wussten, wie wir darauf reagieren sollten. Plötzlich krachte rechts unterhalb unseres Weges, ein Ast, und wir erschraken. „Russki, Njemetzki!?", fragte ich laut. Mehrere Soldaten kamen aus dem Gebüsch heraus. Es waren insgesamt zehn Mann. Sie hatten bemerkt, dass wir keine Russen waren und liefen direkt auf uns zu. „Wir sind Deutsche", sagte einer von ihnen und grüßte uns. Er führte seine Truppe an und schilderte mir woher sie kamen und was mit den Kameraden passierte, die von den Russen gefangen worden waren. Wir entschlossen uns, gemeinsam die Flucht fortzusetzen.

Nach knapp fünf Stunden Fußmarsch flog auf einmal ein Kleinflugzeug der Russen über uns hinweg. Der Pilot hatte uns gesehen. Da wir jedoch im Dickicht des Waldes waren, bot sich ihm keine Angriffsmöglichkeit. Es war aber sicher, dass er die Bodentrupps alarmierte, die uns ausschalten oder zumindest gefangen nehmen sollten. Ich übernahm die Führung und bemerkte, dass wir viel zu langsam und mit vierzehn Mann zu auffällig waren. Wir beschlossen, uns wieder zu trennen.

Zu viert liefen wir weiter. Unser Weg führte uns noch immer durch einen dunklen Wald. Seit Stunden war es wieder ruhig geworden. Zwischendurch stießen wir auf große grüne Wiesen mit hohem Gras, die wir auf allen Vieren durchquerten. Schließlich suchten wir uns im Wald ein ruhiges Plätzchen, das uns Schutz bot und legten uns schlafen.

Am nächsten Morgen kamen wir an eine große Ebene, in deren Mitte sich ein Fluss schlängelte. Es war die Angerapp. Wir liefen zu der einzigen Brücke, die in weiter Umgebung über den Fluss führte. Zu unserem Unglück war sie völlig zerstört. Große Teile waren weggesprengt worden und ragten aus dem Wasser heraus. Ich sah mich um und entdeckte ein Floß aus Baumstämmen, das am Ufer lag. Es wurde von dicken Seilen zusammengehalten. Einer meiner Kameraden erblickte ein Drahtseil, das über den Fluss gespannt und auf beiden Seiten um Bäume gebunden war. Es sah äußerst stabil aus. Wir banden das eine Ende des Drahtseils vom Baum los und machten es mit einer Schlaufe am Floß fest. Anschließend trugen wir es zum Wasser. Im letzten Moment riss die Strömung des Flusses das Floß vom Ufer weg. Innerhalb weniger Sekunden befanden wir uns bereits in der Mitte des Flusses. Einige Meter vor dem anderen Ufer kam das Floß schließlich zum Stillstand. Zwei meiner Kameraden konnten nicht schwimmen und so erreichten wir nur zu zweit die gegenüberliegende Seite. Wir blickten uns um und suchten nach einer

Möglichkeit, die anderen zu retten. Eine lange Leiter lag im Gras. Wir hielten sie ins Wasser, sodass sie von unseren Kameraden ergriffen werden konnte. Dann liefen wir rückwärts und zogen sie an Land.

Mittlerweile hatten uns die Russen von der gegenüberliegenden Flussseite her entdeckt und von der Brücke aus das Feuer eröffnet. Schnellstmöglich rannten wir im Zickzacklauf in ein Waldstück, das sich in fünfhundert Metern Entfernung befand.

Der Wind zehrte stark an meiner Kraft. Ich fror und meine Kleidung war vollkommen durchnässt. Wir liefen so weit es uns nur möglich war bis die Nacht herein brach. Da uns die Orientierung im Dunkeln schwer fiel und es anfing zu regnen, suchten wir einen Schlafplatz. Nach kurzer Zeit sahen wir einen Hochstand. Wir stiegen hinauf und legten uns sogleich auf den Holzbrettern nieder. Sie waren erheblich besser zum Schlafen geeignet als das übliche Laub, dass von allem möglichen Ungeziefer befallen war. So konnte ich in dieser Nacht endlich durchschlafen, ohne immer wieder aufzuschrecken.

Am nächsten Morgen, es war noch sehr früh und erst ein wenig hell geworden, begaben wir uns wieder auf einen Waldweg. Nach kurzer Zeit änderte sich dessen Belag. Der Untergrund bestand jetzt aus Steinen. Reifenspuren verrieten uns, dass er häufig benutzt wurde. Obwohl jeden Moment russische Fahrzeuge auftauchen konnten, liefen wir auf dem Weg weiter, da er genau in die Fluchtrichtung führte.

Nach ein paar Stunden Fußmarsch schaute ich auf den Boden und traute meinen Augen nicht. Überall lagen Bündel von Tausendmarkscheinen. Wir fragten uns nach den Hintergründen und kamen aus dem Staunen nicht heraus. Möglicherweise handelte es sich um die verlorengegangene Beute russischer Soldaten oder irgendjemand hatte nach dem verlorenen Krieg den Wert dieses Geldes in Zweifel gezogen. Wir fühlten uns wie Millionäre und warfen die Scheine in die Höhe. Es war ein ungeheures Glücksgefühl. Wir konnten endlich einmal freudestrahlend lachen. Es dauerte jedoch nicht lange bis auch wir vom Wert des Geldes nicht mehr überzeugt waren. Frustriert setzten wir unseren Weg fort. Trotz allem nahm ich einen Tausendmarkschein mit und nähte ihn am Abend in meinen Mantel ein. Ich wollte ihn als Souvenir mit nach Hause nehmen.

Nach ein paar Stunden Fußmarsch vernahmen wir plötzlich ein unbekanntes Geräusch. Es hörte sich nach dem Brunftlaut eines Hirsches an. Wir waren in der Rominter Heide, dem früheren Jagdrevier von Hermann Göring. Es war ein großer Wald, mit den verschiedensten Arten an Bäumen und Sträuchern.

Ich stand im Unterholz vor einer Schonung. Sie bestand aus etwa fünf bis sechs Meter hohen Fichten. Noch einmal drang das starke Geräusch zu mir herüber. Ich vernahm das Brechen von großen Ästen und erschrak. Waren es unsere Feinde? Es war unheimlich. Plötzlich raschelte es links von mir, unmittelbar hinter einem Busch. Meine Kameraden hatten sich hinter einen großen Stapel Holzstämme geflüchtet. „Herbert, komm hierher!", riefen sie, doch ich war wie festgefroren und konnte mich nicht mehr bewegen. Auf einmal trat ein Elch aus dem Gebüsch. Er hatte eine beachtliche Größe, braunes, zotteliges Fell, lange, behufte Beine und riesige, dunkelfarbene Augen. Die Schnauze glich der eines

Pferdes. Sie war lang und hatte große Nüstern. Er lief auf mich zu und blickte mich mit seinen großen Augen an. Sein riesiges, schaufelförmiges Geweih wirkte übermächtig. Ich stand wie gebannt vor dem Tier und konnte nicht weglaufen. Es blickte mir in die Augen und aus Angst schaute ich einfach nur zurück. „Sind Elche gefährlich?", fragte ich mich und wusste die Antwort darauf nicht. Schließlich drehte sich das Tier nach rechts um und trabte stolz davon. Meine Kameraden kamen aus ihren Verstecken und versuchten, mir meine Angst zu nehmen, die sich in diesen Sekunden in mir aufgestaut hatte.

Nach kurzer Zeit kam ein Reh in unsere Richtung. Wir hielten uns in einem Gebüsch versteckt, damit es uns nicht sehen konnte. Ich gab einem Kameraden ein Handzeichen, um gemeinsam das Tier zu fangen. Von zwei Seiten kommend trieben wir es auf ein Erdloch zu, das durch eine umgefallene Fichte entstanden war. Als das Reh in die Falle gegangen war, sprang ich in die Grube und hielt es am Hals fest. Es schrie so laut es konnte und versuchte sich aus meinem Griff zu befreien. „Halte die Läufe zusammen", rief ich und stach auf das Tier mit meinem Klappmesser ein. Das Blut spritzte auf unsere Kleidung. Dabei hatte sich das Reh so stark verteidigt, dass meine Hände zerkratzt waren. Kurze Zeit später war das Tier tot. Ich zog ihm das Fell ab und nahm es aus. Erneut wurde das Fleisch in kleine Stücke geschnitten und zum Braten auf einen Holzspieß gesteckt.

Mittlerweile hatte es wieder angefangen, stark zu regnen, und so konnten wir kein trockenes Brennholz finden. Ich nahm einen Stock, der mir dick genug erschien und schlug damit auf einen Fichtenstamm, bis das Wasser heruntergetropft war. So machten wir es auch mit dem anderen Holz, das wir gefunden hatten, brachen es in kleinere Stücke, legten es zu einem kleinen Stapel aufeinander und zündeten es an. Danach stachen wir zwei gleich lange Astgabeln in den Boden und legten den Spieß darauf. Er ließ sich auf diese Weise gut drehen. Nach zwanzig Minuten war das Fleisch gar. Gierig aßen wir einen großen Teil davon auf und steckten den Rest in einen Rucksack, den ich aus einem alten Jutesack hergestellt hatte. Dann suchten wir uns ein trockenes Plätzchen unter einem Baum, um dort ein wenig Schlaf zu finden.

Als wir wieder aufgewacht waren ging unser Weg sofort weiter, denn jederzeit bestand die Möglichkeit, wieder in russische Gefangenschaft zu gelangen. Also schnürten wir unsere Rucksäcke, befestigten unsere Feldflaschen und liefen zu viert aus dem dunklen und dichten Wald hinaus. Vor uns öffnete sich eine große blassgrüne Wiese. Auf ihr entdeckten wir plötzlich zahlreiche Leichen. Überall war Blut auf dem Boden, welches das Gras rot gefärbt hatte. Es war bereits getrocknet und roch schon sehr streng. Es waren zwölf bis vierzehn Männer, die einen Kreis von knapp fünfzehn Metern Durchmesser bildeten. Ihre Beine lagen zur Mitte hin ausgestreckt und ihre Köpfe nach außen. Sie trugen keine deutschen Uniformen, sondern zum Teil französische Kleidung. Es konnte sich also nur um Franzosen handeln, die in deutscher Kriegsgefangenschaft waren und bei ostpreußischen Bauern Zwangsarbeit verrichtet hatten. Beim Rückzug der deutschen Soldaten waren sie wahrscheinlich in der Überzeugung zurückgeblieben, von den Russen verschont zu werden. Wer sie aber wirklich getötet hatte, wusste keiner von uns. Die Täter konnten auch Deutsche gewesen sein. Sicher war nur, dass jeder der Männer eine Schussverletzung im Genick hatte und somit hingerichtet worden war. Vom Grauen gepackt, liefen wir eine Anhöhe hinunter und sahen einige Russen auf dem Feld vor uns.

Wir gingen weiter und kamen an ein Haus, in dem wir eine russische Kommandantur erwarteten. Meine Kameraden blieben zurück, während ich mich an das Haus heranschlich. Ich versteckte mich hinter einem Busch. Die anderen konnte ich nun nicht mehr sehen. Ich wartete bis es dunkel wurde, stieg über einen hölzernen Gartenzaun und kletterte auf den nächstgelegenen Baum. Hier wartete ich ab, was passieren würde. Bald sollte ich das bereuen, denn nach knapp einer Stunde kamen Russen mit deutschen Frauen und Mädchen aus dem Haus und liefen unter den Baum. Die Männer fingen an, die weinenden Mädchen zu vergewaltigen. Es kam mir vor wie ein Alptraum, denn ich konnte nichts unternehmen. Eine Waffe hatte ich nicht und meine Fäuste reichten nicht aus, um das Geschehen zu verhindern. Als es schließlich Mitternacht war, gingen sie wieder ins Haus zurück. Nach einiger Zeit wurden die Lichter im Haus gelöscht und ich traute mich von meinem Baum herunter. Noch immer geschockt, lief ich allein zurück in den Wald, um meine Kameraden zu suchen. Ich fand sie nicht. Nie mehr sollte ich sie wiedersehen. Von nun an war ich vollkommen auf mich allein gestellt.

Vor dem Militärgericht

Es dauerte nicht lange, bis ich wieder einmal von Russen gefangen worden war und zusammen mit anderen Deutschen in eine Zelle gesperrt wurde. Eine russische Offizierin verhörte uns und schlug dabei mit einer Reitpeitsche auf uns ein. Der Jüngste schrie laut auf, als er die Schläge zu spüren bekam. Unter Androhung weiterer Qualen gab er an, dass ich der Anführer einer Partisanengruppe gewesen sei und ein Funkgerät im Wald versteckt hielt. Auch hätte ich einen russischen Offizier mit einem Hammer erschlagen. Es waren Aussagen, die er aus den Schilderungen meiner Erlebnisse formte und durch die er sich erhoffte, von der Folter erlöst zu werden. Nichts hatten sie mit der Wahrheit zu tun und alles stand nun für mich auf dem Spiel.

Ich wurde daraufhin sofort abgeführt, mit Hieben und Tritten traktiert, bis ich grün und blau geschlagen am Boden lag. Schließlich führte man mich in einen dunklen Keller, in dem sich ungefähr dreißig deutsche Soldaten und Zivilisten befanden. Der Raum war etwa 5 mal 6 Meter groß. So standen oder saßen wir eng aneinander gepfercht Tage und Nächte unter strenger Überwachung. Zur Toilette durften wir nur, wenn wir unseren Namen nannten. Ich gab mir den Namen „Karl Noéll" und nannte als Herkunftsland das Elsass. Einmal meldete ich mich zum Austreten und nahm eine Konservendose mit, um unterwegs meinen Durst an einem Wasserhahn zu löschen. Zwei Soldaten, bewachten mich auf Schritt und Tritt. Als ich die Toilette verließ, ging ich zu einem Wasserhahn und versuchte, die Konservendose zu füllen. Schnell drehte ich ihn auf, doch packte mich ein Soldat und stieß meinen Kopf auf den Hahn. Blut lief mir aus einer Platzwunde über das Gesicht. Ein stechender und zugleich dröhnender Schmerz durchfuhr mich. „Dawei!", schrie er und stieß mich in den Keller zurück. Etwa ein Drittel des Wassers konnte ich in der Dose retten. Ich war darüber mehr als froh, denn das Essen bestand nur aus versalzener Fischsuppe.

In der zweiten oder dritten Nacht wurde mein Name gerufen. Zwei Wachposten, der eine vor mir, der andere hinter mir, führten mich aus der Zelle. Beide richteten ihre Gewehre auf mich. Lief ich zu schnell, rammte der Vordermann mir das Gewehr in den Bauch, lief ich zu langsam, bekam ich die Bajonettspitze ins Gesäß gestoßen, so dass es blutete.

Gedemütigt kam ich im zweiten Stock an. Dort befand sich ein großer Raum, wahrscheinlich ein ehemaliger Tanzsaal, der etwa zwanzig Meter lang und zehn Meter breit war. Am Ende des Saals standen zwei Tische, die in der Länge aneinandergestellt waren. Dahinter saßen sechs bis acht hohe Offiziere, einer mit rotem Kragenaufschlag, es war ein Polit-Kommissar, die anderen mit vielen Kampfauszeichnungen. Sie waren alle um die vierzig bis fünfzig Jahre alt. Ein Protokollführer saß hinter einem separaten Tisch, der etwa zehn Meter vor den Offizieren stand.

Ich wurde gefragt, ob ich Karl Noéll sei und ich nickte. Neben mir stand ein Dolmetscher und ein Offizier, der etwas deutsch sprach. Er sagte mir, dass dies ein offizielles, russisches Kriegsgericht sei und ich alle

Fragen richtig beantworten müsse. „Ist gut", gab ich zu verstehen. Dann wurde das erste, frühere Protokoll verlesen, in dem man mich beschuldigte, ein deutscher Partisanenführer und Mörder, sowie ein Spion zu sein, der sein Funkgerät im Wald versteckt hätte. Außerdem beschuldigte man mich, einen russischen Leutnant mit einem Hammer erschlagen zu haben.

„Ich ein Partisanenführer, ein Mörder?", dachte ich und fuhr erschrocken zusammen. Dann sollte ich Stellung zu den Anschuldigungen nehmen. Kaum hatte ich die erste Silbe gesprochen, schlug mich ein Leutnant mit der „Nagaika", einer Riemenpeitsche, auf den Rücken. Sie bestand aus mehreren Lederriemen und einem kurzen Holzstiel, an deren Enden Knoten waren. „Das stimmt nicht!", schrie ich und bekam wieder Schläge, dieses Mal auch auf den Kopf. „Wir wollten nur nach Hause, nach Deutschland, zurück ins Elsass!" „Du lügen!", sagte der Dolmetscher und blickte mich böse an. „Ich bin kein Partisanenführer und kein Mörder. Das Funkgerät habe ich bereits in Königsberg zerschlagen." „Du nicht sagen Wahrheit", schrie der Offizier und schlug erneut auf mich ein, so dass ich zu Boden fiel und laut aufschrie. Schließlich zerrte man mich wieder zurück in den Keller zu den anderen. „Wie war es da oben?", fragten mich meine Mithäftlinge in der Zelle. „Es war furchtbar", meinte ich und hatte Tränen in den Augen.

Neben mir stand ein Zivilist, der vorher schon verhört worden war. „Ich habe in Berlin zusammen mit den Russen die Nazis aus den Häusern geholt und suchte meine Frau in Ostpreußen", sagte er. „Außerdem bin ich Kommunist. Mir kann eigentlich nichts passieren, aber die Russen werfen mir vor, ein deutscher Agent zu sein." Ein Sprichwort besagt, dass die Russen Verräter hassen, aber den Verrat lieben.

In der darauffolgenden Nacht wiederholte sich die Prozedur. Diesmal hielt der Offizier eine Pistole in seiner Hand. In der dritten Nacht wurde der Zivilist vor mir zum Verhör geholt. Als ich dann den Saal betrat, sah ich ihn am Boden liegen. Ich bekam große Angst, das gleiche Schicksal erleiden zu müssen. „Sage Wahrheit oder dir ergeht wie ihm", sagte der Leutnant, als er mich sah und trat dem Zivilisten in Leib und Nieren. „Ich bin kein Verräter, ich bin kein Agent", schrie er mit letzter Kraft. Doch der Leutnant ignorierte ihn und trat so lange auf ihn ein, bis sich der Zivilist nicht mehr bewegte. Wenig später starb er.

„So ergeht es dir auch, wenn du nicht zugibst, was man dir vorwirft", meinte der Leutnant. „Wenn du gestehst, sorge ich dafür, dass du nicht erschossen wirst, sondern zur Arbeit nach Sibirien oder in den Ural kommst und weiterlebst". Ich gestand und wurde zweimal zum Tode verurteilt. Daraufhin musste ich viele Seiten des Protokolls unterschreiben. „Zuerst will ich, dass das Protokoll auf deutsch übersetzt wird", meinte ich. Sofort wurde ich wieder mit der Nagaika geschlagen. Unter Schmerzen unterschrieb ich und kam wieder in den Keller zurück. Nach vierzehn Tagen voller Qual durften wir das Gefängnis verlassen. Wir mussten uns vor dem Gebäude in einer Reihe aufstellen. Einige von uns trugen nur noch Lumpen, die meisten hatten keine Schuhe mehr. In diesem Zustand sollten wir zu Fuß Richtung Königsberg marschieren. In Zweierreihen gingen wir auf den langen Marsch. Bei einem Fluchtversuch drohte man uns mit sofortiger Erschießung. Da ich für die Russen der schlimmste und zugleich wichtigste Gefangene war, wurde mein Name jede halbe Stunde ausgerufen. Jedesmal musste ich meine Hand heben. Einer der Bewacher kam dann in meine Nähe und sah mich genau an, um zu überprüfen, ob ich es wirklich war, der das Zeichen gegeben hatte.

Wir waren bald am Ende unserer Kräfte. Dennoch wurden wir weiter vorwärts gehetzt. Ich hatte mit meinem Leben abgeschlossen. Meine Gedanken waren verwirrt und ich ergab mich dem Schicksal. Zwischen Hoffen und Bangen trottete ich weiter, in Gedanken vertieft. „Gott hilf mir!", bat ich stillschweigend und blickte zum Himmel hinauf. Wie ich erfahren hatte, sollten wir „Verbrecher" in Königsberg mit einem Sammeltransport nach Sibirien gebracht werden. Wir waren in den Augen der Russen keine „Plenis" mehr, sondern gemeine Verbrecher.

Erneute Flucht

Nach etwa dreißig Kilometern kamen wir in ein Dorf, in dessen Mitte wir haltmachten. Man verteilte uns auf zwei Keller. Ich legte mich hinter die Kellertür, die hinaus ins Freie führte. „Drei Mann mitkommen", sagte ein Bewacher. Wir liefen mit ihm. Er befahl uns einen großen Kochkessel vor dem Haus aufzustellen. Anschließend suchten wir auf den Dachböden der Bauernhäuser nach Körnern. Wir fanden Hafer, Mais und Weizenkörner, die wir zusammen mit Staub und Erde in einen Sack füllten. Mittlerweile hatten Kameraden den Kessel mit Wasser gefüllt und befeuert. Wir leerten den Sack mit den Körnern und ein paar halb verfaulte Kartoffeln in den Kessel. „Wir brauchen einen Stock zum Umrühren", sagte ich. „Pan, ich gehe ins Haus und suche einen Stock." „Geh' und suche einen Stock, aber ich schieße sofort, wenn du flüchtest", sagte er zu mir.

Anschließend ging ich in das etwa dreißig Meter entfernte, etwas höher gelegene Haus. Fenster und Türen waren eingeschlagen. Die Möbel und die anderen Einrichtungsgegenstände lagen über einen halben Meter hoch zerschlagen auf dem Boden. Ich fand einen Besenstiel, hielt ihn mit beiden Händen fest und zitterte am ganzen Körper. Am Boden fand ich ein kleines Kreuz von einem Rosenkranz. Ich hielt es in meiner Hand und hörte eine Stimme in mir. „Hau ab!", sagte sie. In furchtbarer Erregung lief ich durch das Haus und sprang hinten aus dem Fenster. Ich hetzte von einem Haus zum nächsten. Das alles ging sehr schnell und nach etwa dreihundert Metern befand ich mich auf einem kleinen Friedhof. Überall standen große Grabsteine. Eine alte Frau beugte sich über ein Grab. Ich wollte sie ansprechen um sie nach dem Weg zu fragen, doch dann dachte ich mir, dass die Russen sie danach fragen würden, wohin ich gerannt war. So verzichtete ich darauf und rannte über eine Straße.

Auf einmal sah ich von weitem eine russische Einheit die Straße heraufkommen. Ich steckte meine Hände in die Hosentaschen, schlenderte weiter, um nicht verdächtig zu wirken, und sprang in einen Panzergraben. Schließlich bewegte ich mich auf allen Vieren den Graben entlang bis zu einem angrenzenden Kornfeld. Dort stand das Korn kurz vor der Reife. Es war etwas über einen Meter hoch. Ich bog die Halme etwas auseinander, machte einen großen Schritt hinein und drückte hinter mir die Halme wieder zusammen.

Mitten im Kornfeld stand eine für Ostpreußen typische Baumgruppe. Es war ein großer Baum mit dickem Stamm um den in dichter Anordnung mehrere kleinere Bäume standen. Die Äste hingen fast auf den Boden. Kaum war ich ein Stück auf den großen Baum hinaufgeklettert, hörte ich Schreie und Schüsse. Man suchte mich bereits.

Im Dorf war eine russische Sanitätseinheit einquartiert, die nun ebenfalls ausschwärmte. Aus diesem Grund stieg ich erst in der Nacht von meinem Baum herunter, um im Wald zu verschwinden. Hungrig und völlig entkräftet lief ich immer weiter. Der Gedanke meiner wiedererlangten Freiheit trieb mich voran. Ich fand junge Blätter und Wasser als Nahrung, zudem waren in meiner Jackentasche noch ein paar Ähren, deren Körner ich essen konnte.

Meine Freiheit währte nicht lange. Nach einigen Tagen hatte man mich wieder erwischt. Doch ich war jetzt für die Russen kein Verbrecher mehr, sondern nur noch ein gewöhnlicher Kriegsgefangener. Ich wurde in einer Scheune eingesperrt. Jeden Tag gab es ein Stück Brot und Wasser. Eines Morgens mussten alle Gefangene in einer Reihe antreten. „Alle Kleider und Schuhe ablegen", sagten die Bewacher. Ich hatte noch mein großes Klappmesser dabei und versteckte es unter meinen Kleidern im Sand. Nachdem wir uns völlig entkleidet hatten, mussten wir zehn Meter vortreten. Die Russen durchsuchten unsere Kleidung. Danach durften wir wieder zurück und konnten uns anziehen. Dabei suchte ich im Sand nach meinem Messer und band es wieder mit einer Schnur an meinem Kragen fest, um es den Rücken herunterfallen zu lassen.

Zwei Tage später riss ich wieder aus. In der Nacht kam ich an ein leerstehendes Haus und legte mich auf den Boden, um ein wenig zu schlafen. Als es wieder Tag geworden war, setzte ich meinen Marsch fort. Ich blickte mich um und konnte zum Glück nirgendwo Russen entdecken.

Doch es kamen noch weitere Gefahren auf mich zu. Als ich durch ein kleines Tal kam, hörte ich von weitem das Bellen von Hunden. Es war ein ganzes Rudel aus etwa fünfzehn Tieren, angeführt von einem Leittier. Sicherlich waren sie von den flüchtenden Ostpreußen zurückgelassen worden und nun fast zu Wölfen geworden. Völlig ausgehungert kamen sie immer näher. Fünf Meter vor mir bleckte der Leithund seine Zähne und knurrte mich an. Die anderen bellten laut, um mich einzuschüchtern. Ich wusste, dass Hunde an der Schnauze sehr empfindlich sind. Ich hatte schon seit längerem einen langen, dicken Stock bei mir und begann, ihn über meinem Kopf zu schwingen. Auf diese Weise näherte ich mich der Spitze des Rudels und schlug dem vordersten Tier durch einen Rundumschlag auf die Schnauze. Mit Gebell und Gejaule drehte er um, die anderen rannten hinter ihm her. Nach wenigen Sekunden waren sie hinter den Bäumen verschwunden.

Mein Magen war leer und knurrte. Er war schon fast dabei, sich selbst zu verdauen und tat fürchterlich weh. Plötzlich tauchte wieder ein Haus in meinem Blickfeld auf. Ich lief erschöpft darauf zu. Als ich um das Haus herumgegangen war, sah ich einige mit Erde bedeckte Holzkisten. Daneben waren große Erdlöcher ausgehoben worden. Einst befanden sich in den Kisten die vergrabenen Habseligkeiten der Hausbewohner, die vor dem Krieg und den Soldaten geflohen waren. Sie hatten die Behältnisse zurückgelassen, da sie zu schwer oder zu groß gewesen waren und die Menschen daran gehindert hätten, schnell voranzukommen. Die Russen hatten sie ausgegraben. Sie benutzten lange Holzspieße mit Stahlspitzen, um nach Widerständen im Boden zu suchen.

Als ich mich vergewissert hatte, dass das Haus leer stand, ging ich hinein und suchte darin nach Essbarem, um meinen Hunger stillen zu können. Plötzlich hörte ich Schritte und sah zum Fenster hinaus. Zwei Russen liefen auf die Tür zu! Schnell sah ich mich im gesamten Raum um, denn ich brauchte ein Versteck. In einer Ecke fand ich eine etwa einen Meter hohe Holzkiste. Sie hatte kein

Schloss und so rannte ich zu ihr, um sie zu öffnen. Darin befand sich Mehl, das ungefähr zwanzig Zentimeter hoch lag. Schnell kletterte ich hinein und schloss den Deckel über mir. Das Mehl wurde aufgewirbelt und bedeckte mich, sodass ich die gleiche weiße Farbe annahm.

Ich hörte die Tür quietschen. Schritte waren auf dem Holzboden zu vernehmen. Die Russen redeten miteinander und suchten das Haus ab. Ich hörte, wie sie Schränke öffneten und wieder schlossen, Schubladen herauszogen und wieder hineinschoben. Nach gerade mal fünf Minuten hob einer der beiden Soldaten den Deckel der Kiste an und blickte hinein. Kurz darauf schlug er ihn wieder zu. Allem Anschein nach hatte er mich nicht gesehen, denn die beiden Russen liefen wieder aus dem Haus hinaus. Langsam wurden ihre Stimmen leiser und als ich nichts mehr hörte, konnte ich mein Versteck wieder verlassen.

Zunächst einmal musste ich das Mehl mit der Hand von meiner Kleidung abklopfen. Anschließend nahm ich etwas davon aus der Kiste in eine Schale, goss Wasser dazu und brachte es unter Umrühren zum Kochen. Nun war es ein Brei, den ich essen konnte. Da ich mir ziemlich sicher war, dass die Russen nicht mehr in das Haus zurückkamen, überlegte ich mir, ob ich das Haus als Schlafplatz nutzen sollte. Letztlich entschied ich mich jedoch für den Wald, da ich wusste, dass nachts kein Russe dorthin gehen würde. Ich schlug dort mein Lager auf. Kurz nachdem ich mich hingelegt hatte, schlief ich ein.

Gegen Mittag des nächsten Tages setzte ich meinen Weg fort. Er führte zu einem Dorf, das auf mich einen verlassenen Eindruck machte. Leichtsinnig wie ich war, ging ich hinein. Mit meinem großen Stock auf dem Rücken folgte ich der Hauptstraße. Plötzlich öffnete sich links von mir eine Haustür. Ein russischer Soldat trat heraus und blickte mich an. Ich grüßte ihn mit „Strastwutje Pan" und dachte gleichzeitig an mein Ende. Aber er grüßte zurück und ging weiter. Offenbar hielt er mich mit meiner halbrussischen Uniform für einen seiner Landsleute. Wenig später kam ich auf eine ganze Gruppe russischer Soldaten zu, die vor einem Haus standen. Ich grüßte erneut und der Gruß wurde erwidert. Als ich das Ende des Dorfes erreicht hatte, schlug ich mich seitlich in die Büsche. Es war unglaublich, dass mich niemand erkannt hatte. Nie wieder wollte ich bei Tag durch ein Dorf gehen.

Vom Buschwerk aus schlich ich mich in ein Maisfeld. Als ich etwa in der Mitte des Feldes war, fiel plötzlich ein Schuss. Sofort ging ich in Deckung und robbte mich am Boden vorwärts. Einige Schüsse peitschten noch über meinen Kopf hinweg, bis es schließlich wieder still wurde. Nach einiger Zeit sah ich zahlreiche russische Soldaten, die das gesamte Feld nach mir durchsuchten. Ich legte mich bis zur Dämmerung in eine mit Büschen bewachsene Mulde, die sich direkt neben dem Maisfeld befand. Sie fanden mich nicht. Nachdem ich mich wieder einigermaßen sicher fühlte, versuchte ich, mich vom Dorf so schnell wie möglich zu entfernen.

Wieder kam ich an eine Behausung, vor der ein kleiner Teich lag. Stimmen hallten zu mir herüber, die teilweise in deutscher und teilweise in russischer Sprache waren. Nach einiger Zeit verließen zwei Frauen das Haus und redeten in deutscher Sprache miteinander. Ich fasste allen Mut zusammen und sprach sie an. „Bitte, nicht weglaufen, ich bin Deutscher und habe Hunger". Langsam kamen sie näher. Sie waren noch recht jung. Ganz leise antworteten sie mir. „Im Haus sind zwei russische Offiziere. Einer von ihnen ist der Kommandant des Ortes. Wir haben gerade Essen gekocht, aber es ist noch genug da, damit Sie sich satt essen können". Sie lächelten mich an. Als sie ins Haus zurückgingen, wurde ich misstrauisch, denn sie hätten mich verraten können. Ich versteckte mich. Nach knapp einer viertel Stunde öffnete sich die Haustür, und eine der beiden Frauen kam heraus. Sie brachte mir Bratkartoffeln, Fleisch und etwas zu trinken. „Das ganze Dorf ist von Russen besetzt", sagte sie zu mir. „Aber wir werden sie aus dem Ort bringen, wenn sie fertig gegessen haben."

Kurz darauf kam die andere Frau aus dem Haus. Sie nahmen mich in ihre Mitte und banden mir ein Kopftuch um. Langsam liefen wir auf der Hauptstraße durch das Dorf. Als wir zu einem russischen Posten kamen wurden wir nach der Parole gefragt. Da es in der Zwischenzeit dunkel geworden war, konnte er mich in Kopftuch und Kradmantel nicht erkennen. Die beiden Frauen antworteten ihm und nannten ihre Namen. Der Posten wusste, dass es die Frauen der Offiziere waren und ließ uns ohne weitere Kontrolle passieren. Wir kamen bis zum Ende des Ortes. Dort bedankte ich mich herzlich bei den beiden. „Nach etwa einem Kilometer kommen Sie zu einem einzelnen Gehöft. Dort wohnen Russen, also passen Sie auf", sagten sie und wünschten mir letztlich noch viel Glück. Ich machte einen großen Bogen um das Gehöft, doch trotzdem schlug ein Hund an. Ein Licht leuchtete auf. Schnell suchte ich mir ein Versteck und wartete eine halbe Stunde, bis sich alles wieder beruhigt hatte. Nach gerade mal fünf Kilometern kam ich an das nächste Haus. Ich wollte mich vergewissern, ob sich jemand darin befand und warf wie üblich ein paar Steine gegen die Tür. Als niemand herauskam, öffnete ich die Tür vorsichtig. Im Innern sah ich ein paar Ratten auf dem Boden, die sich schnell versteckten. Ich lief hinein und lauschte nach Geräuschen. Es war sehr still und dunkel. Ich legte mich in eine Ecke und schlief sofort ein.

Am nächsten Morgen wachte ich sehr früh auf und sah mich im Haus um. Meterhoch lagen Unrat, zerschlagene Stühle, Tische, Schränke und zerrissene Vorhänge auf dem Boden. Bilder waren aus ihren Rahmen geschnitten. Alles sah nach einem ausgeplünderten, ostpreußischen Herrenhaus aus. Ich suchte nach brauchbaren Gegenständen in den Schränken und Schubladen, natürlich auch in der Hoffnung etwas Essbares für die nächsten Tage zu finden. Als ich nichts fand, setzte ich meinen Weg fort.

Nach einiger Zeit kam ich in einen dichten Wald an der Grenze zwischen Ost- und Westpreußen. Was ich dort sah, war furchtbar und ähnelte einem Alptraum von Hieronymus Bosch: Zwischen umgefallenen Bäumen und dicken Ästen befand sich ein großer Leiterwagen mit zwei toten Pferden, die noch angespannt waren. Etwa hundert tote Soldaten, Russen wie Deutsche, lagen mit ihren Waffen in nahem und weitem Umkreis zwischen Wagen, Ästen und Bäumen. Es waren die erschütternden Überbleibsel der mörderischen Kämpfe, die hier stattgefunden hatten. Dazwischen lagen zahlreiche unabgefeuerte Panzerfäuste und ein stattlicher Hirsch mit riesigem Geweih. Wie gebannt stand ich da und starrte auf das Unbegreifliche. Schauer ließen meinen Körper erzittern und so schnell ich nur konnte rannte ich aus dem Wald hinaus.

Rechts breitete sich ein kleiner See aus, an dessen Ende ein kleines Haus stand. Ringsherum war es beängstigend ruhig. Ich näherte mich vorsichtig dem Gebäude. Es war eine Hütte. Nachdem ich mich vergewissert hatte, dass keine Russen in der Nähe waren, trat ich ein. In der Mitte des Raumes stand ein alter Tisch, darauf lag ein Teller mit verschimmeltem Brot und Schinken. Das Brot und den Schinken konnte ich mit meinem Klappmesser bearbeiten. Schließlich blieb ein großes Stück Brot und ein fünfhundert Gramm schweres Stück Schinken unverschimmelt übrig. Ich schnitt mir ein wenig vom Fleisch ab und aß es mit dem Brot. Den Rest verstaute ich in meinem aus einem Kartoffelsack gebastelten Rucksack. Plötzlich hörte ich ein Geräusch. Ich rannte aufgeschreckt zur Tür. Zwei schwarze Schwäne landeten wie kleine Flugzeuge zehn Meter vor mir mit lautem Getöse im Wasser. Dieser unwillkommene Lärm und der Geruch der verwesenden Leichen, der aus dem Wald herüberkam, ließen mich, eiligst meinen Weg in den nächsten Wald fortsetzen.

Mittlerweile war es bereits Abend geworden. Meine Erlebnisse hatten mich sehr müde gemacht. Der Zufall wollte es, dass sich neben einem steinigen Weg eine kleine Senke befand, die genug Platz zum Schlafen bot. Ich legte mich hinein, deckte mich mit meinem langen Motorradmantel zu und schlief erschöpft ein.

Gegen Morgen erwachte ich durch das laute Motorgeräusch eines russischen Jeeps, der den Weg neben mir entlangfuhr. Im Fahrzeug saßen vier russische

Soldaten, die es auf einen weißen Hirschen, der vor ihnen in den Wald lief, abgesehen hatten. Ich verkroch mich schnell im Dickicht und sah, wie die Russen dem Tier weiter nachjagten. Mit ihren Gewehren im Anschlag fuhren sie quer durch den Wald. Ich traute mich zunächst nicht aus meinem Versteck, da ich keinen Schuss fallen hörte. Die Russen hatten den Hirsch wahrscheinlich aus den Augen verloren. In der Nacht setzte ich mich an einen Busch und schnitt mir ein Stück des Schinkens ab. Ich kaute so lange, bis das Fleisch weich war und mein Kopf sich einbildete, dass ich sehr viel mehr aß, als das, was ich in meinen Händen hielt. Das Fleisch hatte mir sehr gut getan und gab meinem Magen wenigstens für kurze Zeit ein wenig Befriedigung. Mit vorerst gestilltem Hunger marschierte ich schließlich weiter Richtung Westen.

Ich lief den gesamten Tag hindurch, bis ich abends an einem Waldrand auf ein Forsthaus stieß. Alles schien ruhig zu sein. Mit meiner altbewährten Methode vergewisserte ich mich zunächst, ob sich jemand darin befand und öffnete schließlich die Tür. Es quietschte und ich erschrak. Zum Glück war es die Tür selbst, die das Geräusch verursachte. Nun sah ich mich im Haus um. Es war stockdunkel. Auf einer Kommode fand ich eine kleine Kerze, daneben ein paar Streichhölzer. Ich entschloss mich, ein wenig Licht zu machen. Mit der Kerze durchsuchte ich das Haus und fand etwas Mehl und ein wenig Hirschhornsalz. Mit diesen beiden Zutaten versuchte ich, einen Kuchen zu backen. Leider gelang der Kuchen nicht. Er war so hart, dass ich nur kleine Stücke abbeißen konnte. Anschließend durchstöberte ich ein Regal und fand darin Konservendosen mit französischer Aufschrift. Sofort war mir klar, dass gefangene Franzosen in diesem Haus einquartiert waren, die Konserven aus Frankreich bekamen. Ich vermutete, dass dieses Haus einem Förster gehörte, da Trophäen von Hirschen, Rehen und anderen Tieren an den Wänden hingen. Doch im Gegensatz zu den anderen Häusern war diese Wohnung nicht demoliert. Ich suchte mir einen Schlafplatz, machte es mir dort gemütlich und schlief ein.

Am nächsten Morgen öffnete ich den Fensterladen ein wenig und sah Russen, die sich ganz in der Nähe befanden. Ein älterer Mann und eine Frau lagen erschossen vor der Tür. Ich schlich aus dem Haus und ging leise zurück in den Wald.

Tag für Tag lief ich weiter Richtung Westen, doch wurde meine Essenssuche mehr und mehr zum Problem. Fand ich nichts Essbares, pflückte ich mir Sauerampfer vom Feld und kochte mir damit eine Suppe. Fand ich etwas, so kam es sogleich in die mitgeführte Milchkanne und musste oft mehrere Tage lang ausreichen.

Eines Morgens lag ein großer Hochwald vor mir. Ich lief hinein. Nach Stunden bemerkte ich plötzlich laute, sich wiederholende Geräusche. Das Gehölz auf dem Boden knackte. Dann hörte ich etwas aufheulen. „Wölfe!", schoss es mir durch den Kopf. „Nein, das kann nicht sein, nicht hier", versuchte ich mich daraufhin zu beruhigen, dennoch nahm ich meinen Stock, den ich immer bei mir trug, fest in beide Hände.

Ich lief weiter. Nach einigen hundert Metern kamen tatsächlich zwei Wölfe auf mich zu. Schnell versuchte ich, auf einen rettenden Baum zu klettern, doch überall fehlten die unteren Äste. Langsam kam der eine Wolf näher. Ich drehte den Stock wie einen Propeller über meinem Kopf. Er bleckte seine Zähne. „Jetzt greift er an", dachte ich. Mein Rundumschlag wurde mit jeder Umdrehung schneller und meine Arme fingen an, zu schmerzen. Die einzige Möglichkeit zu entkommen, bestand darin, dem Leitwolf auf die Schnauze zu schlagen. Es sollte dieselbe Wirkung haben wie bei den wildernden Hunden. Ich senkte meine Arme und traf das Tier mit voller Wucht auf seiner Nase. Sofort heulte es auf und ging zu Boden.

Fast im selben Moment raffte es sich wieder auf und rannte davon. Auch der andere Wolf war sofort verschwunden. Vor Schmerzen ließ ich den Stock zu Boden fallen und hielt meine beiden Arme in einer Art Klammergriff fest. Schweißgebadet rannte ich weiter durch den Wald und erblickte vor mir eine Lichtung. „Stoi, rucci wiersch", schrie auf einmal ein Mann. Sofort erhob ich meine Hände. Der Russe wusste nicht, ob noch mehr Deutsche in dem Wald waren und drehte sich nach allen Seiten um. Diese Gelegenheit nutzte ich und sprang in einen nahegelegenen Busch. Der Mann wurde unsicher und schoss mit seinem Gewehr in meine Richtung. Glücklicherweise wusste er nicht, wo ich war. Als ihm klar wurde, dass er mit seiner Waffe nichts erreichen konnte, rannte er zu seinen Kameraden in ein Haus. Jetzt musste ich schnellstens entkommen. Der Wald schien zu riskant, denn dorthin wären sie mir bestimmt gefolgt. Doch auf der anderen Seite befand sich noch ein riesiges Weizenfeld. Ich lief darauf zu, sprang mit einem Satz hinein und robbte auf dem Boden weiter. Auf einmal hörte ich Stimmen. Es waren zehn bis fünfzehn bis an die Zähne bewaffnete Männer. Mit lautem Geschrei rannten sie in den Wald. Nach einer halben Stunde kamen sie zurück und gingen alle wieder in ihre Unterkunft.

Plötzlich tauchte ein paar Meter neben mir ein Pferd auf, das damit begann, die Ähren abzufressen. Ich hatte das Tier eine Weile beobachtet und gesehen, wie ein Russe versuchte, es von dem Feld herunterzuscheuchen. Doch nun war es sehr nahe bei mir, und wir konnten uns sogar gegenseitig in die Augen blicken. Ich bekam es mit der Angst zu tun. Das Risiko entdeckt zu werden, wurde immer größer. Schließlich drehte es aber ab und fraß glücklicherweise an einer anderen Stelle, die weit genug von mir weg war. Bei großer Hitze, gepeinigt von Hunger und Durst, verbrachte ich den Rest des Tages damit, mich in dem Feld versteckt zu halten. Erst als es dämmerte, lief ich geduckt zurück in den Wald. Dort kam ich am nächsten Abend an ein Haus. Ich schaute durch das Fenster und sah im Kerzenschein, dass deutsche Zivilisten darin wohnten. Als ich an die Tür klopfte, machte mir eine ältere Frau auf. In ihrem Gesicht konnte man ihre große Angst erkennen. Sie ließ mich ein, als ich ihr von meinem großen Hunger erzählte. Wir setzten uns an einen Tisch. Die Schilderungen meines Schicksals rührten sie. Ihr erzählte ich den Vorfall mit den beiden Wölfen und sie klärte mich darüber auf, dass wenige Tage zuvor ein Mädchen von Wölfen angefallen wurde. Es überlebte mit Bisswunden an den Händen. „Wir haben vor ein paar Tagen ein Pferd geschlachtet und Fleischklopse gemacht", sagte sie zu mir, als ich ihr meine ganze Geschichte erzählt hatte. Wenig später bekam ich genug zu Essen und zu Trinken, um satt zu werden. Mehrere Klopse verstaute ich in meinem Rucksack, um auf der weiteren Flucht mit Fleisch versorgt zu sein. Ich lernte noch den Ehemann der alten Frau kennen. Der Mann erzählte mir davon, was sie schon Fürchterliches miterleben mussten. Sie wollten und konnten ihren Hof jedoch nicht verlassen. Die alte Frau war krank und sehr gebrechlich. Er berichtete mir auch vom Versteck ihrer beiden Enkel im Nachbarhaus. Der Raum, indem sich die Mädchen befanden, hatte keine Tür und keine Fenster. Er war lediglich durch eine Falltür in der Decke zu erreichen. Die Mädchen saßen den ganzen Tag im Dunkeln und verließen nur nachts ihr Versteck, da die Russen tagsüber alle Häuser durchsuchten. Sie fühlten sich dort vor einer Vergewaltigung sicher. Ich bedankte mich für alles und setzte noch in der selben Nacht meinen Weg fort. Leider trank ich oft unabgekochtes Wasser aus Bächen. Es sah sehr klar aus, und es schmeckte sehr gut. So konnte ich nicht genug davon bekommen. Ich wurde aber von Tag zu Tag schwächer und mutloser. Das Wasser musste verseucht gewesen sein. Mir kam der Verdacht, dass ich eine schlimme Krankheit hatte. Gegen den Durchfall, der von Tag zu Tag stärker wurde und die Übelkeit, die mich immer wieder überkam, machte ich im Wald ein Feuer, zerrieb die Kohle auf einem Stein zu einem Pulver, gab es in Wasser und trank es aus. Anschließend ging es mir ein wenig besser. Es wurde immer deutlicher, dass mein Weg bald zu Ende sein würde.

Ich suchte eine Scheune auf, die mir Schutz bot. Sie befand sich neben einem Wohnhaus. Darin lagen zwischen einem Haufen altem, verfrorenem Gemüse noch ein paar essbare Kartoffeln. Auf dem Scheunenboden suchte ich nach Weizenkörnern und fand so viele, dass es für ein Essen reichte. Nun machte ich Feuer und kochte die Kartoffeln mit dem Weizen. Den Rest schüttete ich in meine Milchkanne und nahm es mit auf den Scheunenboden. Ich kletterte eine Leiter hinauf und versteckte mich hinter einem Strohhaufen. Durch ein paar kleine Ritzen konnte ich auf das Gelände blicken. Wenige Augenblicke später schlief ich ein und wachte erst wieder auf, als ich laute Worte und Schreie hörte.

Zuerst kam mir der Gedanke vom Scheunenboden zu springen, doch er war fast sechs Meter hoch. Wenig später hörte ich Schritte in der unmittelbaren Nähe meines Verstecks. Jemand stach mit einem langen Spieß ins Stroh. Schnell machte ich mich so klein wie möglich. Doch dann traf er meine linke Schuhsohle und ich zog meinen Fuß zurück. Das Stroh fing an zu rascheln. Der

Russe wusste sofort, dass sich jemand darin befand. Er rannte los, stieg die Leiter zum Boden hinunter und lief hinaus ins Freie. Innerhalb kürzester Zeit war die Scheune umstellt. „Sofort kommen runter sonst wir brennen ab Scheune!", schrie einer von ihnen in gebrochenem Deutsch. Anscheinend vermuteten die Russen mehrere Deutsche in der Scheune. Doch da ich der Einzige war, stieg ich langsam die Leiter hinunter und erhob meine Hände.

„Stodakoi?"[2], fragten sie mich laut. „Ich bin krank und schwach", sagte ich zu einem Leutnant. Daraufhin wurde ich gefragt, ob noch mehr Deutsche in der Scheune seien. „Nein, ich bin allein", antwortete ich ihnen. Ich blickte mich um und sah große Pferdewagen, mit denen die Russen auf den Hof gekommen waren, um Rüben und Kartoffeln aus den Mieten zu holen. Die Arbeit wurde von einigen deutschen Frauen verrichtet, die die Mieten neben dem Haus ausgraben und die Rüben auf die Wagen laden sollten. „Was hast du vorher gemacht?", fragte mich der Leutnant. „Ich habe bei den Russen gearbeitet", antwortete ich. „Du Soldat!", schrie er. Ich täuschte ein leichte Ohnmacht vor und antwortete nicht auf diese Frage.

„Su da"[3], sagte der Leutnant zu mir, als alles aufgeladen und zur Abfahrt bereit war und deutete auf den Sitz vorne auf dem Wagen. Ich setzte mich neben ihn und wir fuhren etwa eine halbe Stunde bis zu einem großen Gutshof, der zu Preußisch-Holland gehörte. „Su da", sagte der Leutnant nochmals, als wir gerade auf dem Hof angekommen waren. Mit ihm zusammen ging ich in ein Zimmer. „Du bist krank, du legst dich auf das Sofa. Wenn du viel isst wirst du wieder gesund", sagte er zu

[2] Was machst Du? [3] Komm her

mir. Er schlief währenddessen auf einem Strohsack, den er in seinem Zimmer ausgebreitet hatte. Über meinem Schlafplatz hing eine geladene Maschinenpistole.

Ich hatte gerade zwei Stunden geschlafen, als eine gut aussehende blonde Frau neben mir stand und mir zu essen brachte. Sie sagte, dass sie mit dem Leutnant, der Kommandant von Preußisch-Holland wäre, liiert sei und sie sich und ihre sechzehnjährige Tochter auf diese Weise vor den sexuellen Übergriffen der russischen Soldaten schütze. „Lass den jungen Deutschen hier, wenn er gesund ist, kann er für dich arbeiten", sagte sie im Hinausgehen zu dem russischen Offizier.

Nach einer Woche war ich wieder soweit, dass ich arbeiten konnte. Ich hatte lediglich noch starken Durchfall, den ich mit zerriebener Kohle behandelte. Man schickte mich in die Scheune, in der ich den zu warm gewordenen Weizen umschaufeln musste. Nach kurzer Zeit reizte der Staub meine Schleimhäute so stark, dass ich kaum noch atmen konnte. Ich sagte es der jungen Deutschen, die daraufhin mit dem Leutnant sprach. Wenig später kam er zu mir und fragte mich aus. „Was für eine Arbeit hast du daheim gemacht?", „Ich habe Elektriker gelernt und kann unter anderem Maschinen zusammenbauen", erklärte ich ihm. Daraufhin reparierte ich Maschinen und überprüfte die elektrischen Anlagen.

Vierzehn Tage war ich auf dem Gutshof beschäftigt, als ein junger Bursche, sein Name war Janek, plötzlich in das Zimmer kam und anfing zu schreien. „Polski! Pferd Zapzarap!" Die Pferde waren nachts auf der Weide von Polen gestohlen worden. „Poschli!", schrie der Leutnant aufgebracht und sah zu mir herüber. „Komm mit, da auf das Pferd, du da!" Einige Soldaten begleiteten uns. Ich schwang mich auf ein Pferd und wir ritten etwa fünf Minuten, bis wir die gestohlenen Pferde eingeholt hatten. Der Leutnant schaffte es sogar einen der drei Polen zu fassen. Er fesselte ihn auf dem Rücken und zerrte ihn zum Gutshof zurück. Dort angekommen, sperrte er den Polen in einen Keller. Am Tag darauf wurde er aus dem Keller geholt und an einen langen Strick gebunden, dessen anderes Ende an einer Kutsche festgemacht war. Das angespannte Pferd lief nach einem Peitschenschlag los und wurde immer schneller. Als es trabte, konnte der Pole zunächst noch Schritt halten, doch beim Galopp stolperte er, fiel zu Boden und wurde schließlich zu Tode geschleift. Ich verstand den Leutnant nicht mehr und ging ihm zwei Tage aus dem Weg. Erst am dritten Tag wagte ich es, ihn nach dem Grund zu fragen. Da ich sein Vertrauen hatte, sagte er es mir. „Das war eine Abschreckung für die anderen, wenn die Pferde weg gewesen wären, hätte ich eine Festungsstrafe bekommen."

Eigentlich sollte mich der russische Leutnant in ein russisches Lager bringen, doch seine Freundin überredete ihn, mich in ein Johanniter-Krankenhaus in Preußisch-Holland einzuliefern. Ihr zuliebe tat er es auch, blieb aber hundert Meter vor dem Eingang stehen, setzte mich ab und fuhr mit seinem Pferdewagen zurück zu seinem Gut.

Im Krankenhaus in Preußisch-Holland

Ich fühlte mich schwerkrank und schleppte mich mit letzter Kraft in das Krankenhaus. Es war mit Deutschen, Polen und Russen überbelegt. Ich legte mich im Flur auf den mit Stroh belegten Fußboden. Der Schwester Oberin sagte ich, dass ich mich sehr krank fühlte. Doch sie entgegnete mir, dass ich nicht bleiben könnte. Ich sei nicht offiziell eingeliefert worden und es seien keine Betten mehr frei. In meiner halbrussischen Uniform ähnelte ich auch eher einem Vagabunden. So gab ich der Schwester zu verstehen, dass ich mit dem Chefarzt sprechen wollte. Zufällig kam er an mir vorbei und ich hörte, wie man ihn gebührend als solchen ansprach. Sofort stand ich auf und ging zu ihm hin.

„Ich bin deutscher Soldat und aus der Gefangenschaft geflohen. Ich fühle mich sehr krank", sagte ich zu ihm. „Du kannst hier bleiben. Ich kümmere mich gleich um dich", sagte er zu mir und tat es wenige Minuten später auch.

Seine Diagnose war Typhus. Sofort steckte man mich in Quarantäne, weit weg vom Hauptbau. Ich befand mich dort noch mit zwei weiteren Männern. Medikamente gab es keine für uns. Ich bekam lediglich zweimal pro Tag einen Schöpflöffel voll durchgetriebenen Haferschleim. Es gab für mich kein Wasser und auch keinen Tee zu trinken. Zweimal täglich besuchte mich eine junge Ärztin. „Wenn du nichts anderes isst, wirst du wieder gesund", meinte sie und lächelte mich an. Sie schien sehr nett zu sein und ich unterhielt mich oft mit ihr. Durch sie bekam ich wieder Hoffnung. Nach achtzehn Tagen wurde ich verlegt und kam in ein Gebäude, das gerade mal hundert Meter vom Hauptbau entfernt war. Es war eine ehemalige Arbeitsdienstbaracke, ein Holzbau mit über sechzig Betten.

Einige Patienten sagten mir, dass oftmals russische Soldaten die kranken Mädchen belästigen würden. Nach einigem Überlegen kam mir eine Idee. Ich malte auf einen Karton, den ich im Abfall gefunden hatte, einen Totenkopf. Darunter schrieb ich das Wort Typhus. Nachdem das Schild fertig war, befestigte ich es über dem Haupteingang. Vor Typhus hatten die Russen große Angst.

Nach einigen Wochen kam ich wieder in den Hauptbau zurück. Da der Typhus bei mir abgeklungen war, bekam ich einen richtigen Heißhunger. Ich hatte in der Küche mitgeholfen. Die Oberkrankenschwester steckte mir manches an Essbarem zu. Ab und zu bekam ich ein Ei oder sogar kleine, in Essig eingelegte Fische. Auf einmal war sie richtig nett zu mir. Hinter der Klinik befanden sich sehr viele Spatzennester. Die jungen Spatzen waren fast flügge. Ich holte mir mehrere der Vögel aus dem Nest und kochte mir daraus eine Suppe.

Nach einiger Zeit bekam der deutsche Chefarzt einen polnischen Chefarzt vorgesetzt. Es dauerte nicht lange, bis der deutsche Arzt zusammen mit der jungen Ärztin das Krankenhaus verließ.

Der Pole war sehr deutschfeindlich, obwohl seine Frau Deutsche war. Nachdem ich im Hauptbau elektrische Anlagen instand gesetzt hatte, holte mich der polnische Arzt zu sich und veranlasste mich, das Telefon und andere Einrichtungen in seinem Haus zu reparieren. Hin und wieder bekam ich dafür von seiner Frau etwas zu essen.

Der Weg in die Heimat

Im Krankenhaus waren auch viele Mädchen im Alter von sechs bis siebzehn Jahren. Einige von ihnen waren durch den Missbrauch der Russen geschlechtskrank geworden. Der Pole fragte mich, ob ich einen Transport mit ihnen und drei alten Bäuerinnen nach Berlin leiten wollte. Ich nahm den Auftrag an.

Ich bekam eine Liste mit dreißig Namen, ein Begleitschreiben und eine Rot-Kreuz-Binde, die ich auf meiner braunen Russenjacke tragen sollte. Wir kamen zum Bahnhof in Preußisch-Holland. Zwei Eisenbahnwagen standen bereit. Ich besorgte Stroh, so dass wir es in dem Waggon, der eigentlich für Tiere gedacht war, gemütlich hatten und uns hinlegen konnten. Sogar Decken standen uns zur Verfügung. Ich organisierte eine Leiter von ungefähr zwei Metern Länge, über die wir jederzeit ein- und aussteigen konnten. Diese stellte ich direkt vor die Schiebetür, damit sie immer griffbereit war. Mit einem Stück Draht gelang es mir, die Wagentür zuzubinden, bis nur noch ein Spalt von ungefähr fünfzehn Zentimetern frei war.

Zwei lange Stunden warteten wir auf unsere Abfahrt. Auf einmal kam eine wildgeworden Horde schreiender Männer auf unseren Wagen zugerannt. „Aufmachen, sofort aufmachen!", schrie ihr Anführer. Mir blieb nichts anderes übrig, als so schnell wie möglich den Draht zu lösen und die Tür zu öffnen, doch das war den Banditen zu langsam und sie rissen die Schiebetür gewaltsam auf. Die Leiter fiel dabei beinahe heraus, so dass ich nach ihr griff. Der Anführer dachte wohl, ich wollte sie auf ihn werfen. Blitzschnell hob er seine Waffe. Doch jemand hinter ihm packte ihn an der Schulter und zog ihn zurück. Eine Salve Schüsse löste sich dennoch und durchschlug das Innendach des Wagens. Die Banditen nahmen fast alle Decken mit und durchsuchten die Mädchen nach Wertsachen. Kurz darauf verschwanden sie wieder. Wenig später stieß ein Bahnbediensteter zu uns und prüfte die Liste, die ich mitbekommen hatte. Danach setzte sich der Zug endlich in Bewegung. Wir kamen nur langsam voran. Aber es ging Richtung Westen, der Heimat entgegen.

Auf unserer Fahrt starb eine der drei alten Bäuerinnen. Als der Zug an einem zerbombten Bahnhof für mehrere Stunden anhielt, gaben wir ihr ein würdiges Begräbnis neben den Gleisen. Dort wurden unsere Waggons an einen Zug angekoppelt, der mit Panzern beladen war.

Einige Stunden später, wir waren gerade auf freier Strecke, sprangen plötzlich russische Soldaten in unseren Wagen. Scheinbar hatten sie bemerkt, dass bei uns viele junge Mädchen waren. So schnell ich konnte sprang ich hinaus. „Kommandant, Kommandant!", schrie ich aus Leibeskräften. Ein Offizier lief mir mit gezogener Pistole entgegen. „Pan alle Panjenkas!", sagte ich zu ihm. „Krank!", sagte ich daraufhin noch einmal auf Deutsch und fasste an die betreffende Stelle.

Der Offizier begriff sofort und rief seine Soldaten zurück. „Pan Karascho", sagte er zu mir und bedankte sich. Anschließend zeigte ich ihm die Transportliste, auf der schwarz auf weiß stand, wie krank die Mädchen waren. So wurden wir bis Berlin nicht mehr behelligt.

Dort angekommen wandte ich mich an das Rote Kreuz und übergab die Mädchen mit der Liste an einen Deutsch sprechenden Arzt. Natürlich wollte ich so schnell wie möglich weiter in den Westen. Die russischen Soldaten waren überall und ich hatte einfach Angst, sie würden mich wieder in den Osten oder in ein Kriegsgefangenenlager zurückschicken.

Eine Rot-Kreuz-Schwester kannte einen Übergang und führte mich in den Westen von Berlin. Dort stand eine Straßenbahn und ich stieg ein. Dem Schaffner streckte ich meinen Tausendmarkschein entgegen. Ich war überrascht, als dieser meinte, er könne das Geld nicht wechseln, so dass ich bis zur nächsten Haltestelle mitfahren müsse. Der Tausender hatte noch seinen Wert behalten!

Nachdem ich einige Kilometer mit der Straßenbahn gefahren war, merkte ich, dass ich nicht wirklich weiter kam. Von einigen Soldaten erfuhr ich, dass in der Nähe von Berlin ein Lager von deutschen Soldaten stand, das von Engländern bewacht wurde. Ich machte mich auf den Weg dorthin. Am Eingang des Lagers waren Männer, die ankommende Deutsche registrierten. Sie fragten mich nach einem Dokument oder meiner Erkennungsmarke. Beides hatte ich nicht. Ich wurde abgewiesen und musste vor dem Lager warten. Ein deutscher Kamerad, mit dem ich mich zufällig unterhalten hatte, brach mir die Hälfte seiner Erkennungsmarke ab und so hatte ich eine Nummer. Mit ihr konnte ich nun den Lagereingang passieren. Zunächst bekam ich eine Büchse Schinken mit Ei, dazu ein Stück Brot und Wasser. Im Lager befanden sich einige hundert deutsche Soldaten. Mit mehreren Mitgefangenen wurde ich einem bestimmten Zelt zugeteilt. Zwanzig Meter dahinter befand sich ein Zaun und ein abgeernteter Acker mit Kohl. Wir holten uns die Auswüchse von den Krautstängeln und kochten uns auf einem Lagerfeuer eine Suppe.

Nach einigen Tagen riss ich aus und lief zum Bahnhof. Ich schlich mich die Gleise entlang. Das Fahrerhäuschen eines Güterwagens war ein gutes Versteck. So wartete ich, bis der Zug Fahrt aufgenommen hatte. Zu meinem Glück ging es Richtung Südwesten. Als der Zug unterwegs wieder auf einem Bahnhofsgelände anhielt, bemerkte ich, daß auf dem Nachbargleis zahlreiche Waggons mit Kartons beladen waren. Ich schlich mich heran und nahm einen der Kartons an mich. Es war Gebäck. Ich ass es mit Heisshunger. Meinen Durst löschte ich mit Kühlwasser der Lokomotive. Einmal konnte ich sogar bei einem Halt an einem Bahnhof etwas zu essen kaufen. Ich bezahlte mit dem Restgeld von meinem Tausendmarkschein, den ich auf der Flucht gefunden hatte.

Meine Erscheinung war recht kurios, doch alles, was ich an mir trug war äusserst hilfreich gewesen. Ich hatte immer noch meinen fellgefütterten Mantel, den mir eine alte ostpreussische Frau gegeben hatte, meine russische Uniformjacke und meine italienischen Bergstiefel aus dem deutschen Versorgungslager bei Königsberg. Doch meine wichtigste Bekleidung war der Tirolerhut. Durch ihn konnte ich meine Haare vor den russischen Soldaten verbergen und war folglich nicht durch eine Kopfrasur als Kriegsgefangener erkennbar gewesen.

Nach einigen Tagen Fahrt, in denen ich mehrfach unbemerkt den Zug gewechselt hatte, erreichte ich schließlich die heimatliche Bergstraße. Von Weinheim aus fuhr ich mit der Straßenbahn nach Schriesheim. Ich lief zu unserem Gartengrundstück und erblickte meine Eltern und meine Schwester beim Arbeiten. Ich war Zuhause angekommen. Es war September 1945.

Nach dem Krieg

Nach der Rückkehr aus der Gefangenschaft ging es mir sehr schlecht. Ich hatte Wasser in den Beinen und mein ganzer Körper war sehr geschwächt. Monatelang konnte ich nur schlecht schlafen. Alpträume ließen mich immer wieder schweißgebadet aufwachen. Immer noch träumte ich von der stetigen Verfolgung durch russische Soldaten und dem Zwang, sofort Entscheidungen treffen zu müssen, von denen mein Überleben abhing. In meiner Heimatstadt war die wirtschaftliche Situation katastrophal. Es war eine sehr bedrückende Zeit. Die Versorgung der Bevölkerung war zusammengebrochen. Niemand hatte auf Dauer genug zu essen, kaum jemand hatte Arbeit. Die Verwaltung und die Aufrechterhaltung der öffentlichen Ordnung lag in der Hand der Amerikaner. Jeder, der Soldat gewesen war, verschwieg seine Vergangenheit. Das internationale Ansehen und das Selbstbewusstsein der Deutschen war am Boden. Ich begann nach einer beruflichen Zukunft zu suchen. Die Ingenieur-Schule in Mannheim, in der ich vor dem Krieg zwei Semester studiert hatte, war ausgebombt. Da ich kein Geld hatte, musste ich warten, um meine Ausbildung dort fortzusetzen. Durch einen Freund erfuhr ich in der Zwischenzeit von der Existenz einer Malschule in der Nähe von Heidelberg. Ich meldete mich dort an und übte mich fortan in Akt-, Porträt- und Landschaftsmalerei. Nach drei Jahren Ausbildung arbeitete ich als freier Maler. Meine wichtigsten Kunden waren amerikanische Offiziere, die ich mit Ölgemälden von Heidelberg und Umgebung belieferte. Als Honorar bekam ich Lebensmittel und Zigaretten. Das Auskommen war zunächst gesichert. Jede Woche konnte ich etwa zwei Bilder fertigstellen. So wanderten sehr viele Bilder aus meiner Hand nach Amerika. Nach der Währungsreform verschwand der Tauschhandel. Für Ölgemälde hatte aber kaum jemand Geld übrig. Deshalb musste ich mir etwas anders überlegen. 1949 eröffnete ich in meiner Heimatstadt Schriesheim ein Obst- und Gemüsegeschäft, das ich erfolgreich führte, bis ich mit 65 Jahren in Rente ging. Dieses Geschäft besteht unter meinem Nachfolger noch heute! 1950 heiratete ich meine Ehefrau Ida, mit der ich jetzt schon über 56 Jahre verheiratet bin. Ich habe zwei Söhne und eine Tochter, sowie fünf Enkel, und mit allen habe ich ein gutes Verhältnis.

Die Stadionuhr in Bern, kurz vor Spielende.

Die Fußballweltmeisterschaft 1954

Vier Jahre später, am 4. Juli 1954, erfuhr ich von einem Bekannten, dass ein Sonderzug aus Norddeutschland in Mannheim anhalten würde, um nach Bern zum Endspiel der Fußballweltmeisterschaft weiterzufahren. Kurz entschlossen stieg ich ein. Niemand hatte mit diesem Erfolg der deutschen Mannschaft gerechnet. Unterwegs kaufte ich eine Eintrittskarte. Sie kostete sechs Franken. In Bern regnete es leicht. Da ich auf die schlechten Wetterverhältnisse nicht vorbereitet war, nahm ich ein Sitzkissen aus dem Zugabteil mit und band es um meinen Bauch. Darüber zog ich den Mantel. Vor dem Stadion wurde ich mehrfach gefragt, ob ich eine Karte kaufen wollte. Die besten Plätze gab es schon für zehn Franken. Jeder hatte bereits eine Karte und so fielen kurz vor Spielbeginn die Preise. Ich hatte einen Sitzplatz vor dem Uhrturm. Ich machte mehrere Fotos von dem Spiel. Drei Minuten vor dem Ende drehte ich mich um und fotografierte noch einmal die Uhr. Deutschland führte immer noch drei zu zwei. Ich klatschte nach jedem deutschen Tor laut in die Hände. Von den neben mir sitzenden Schweizern und Ungarn wurde ich deshalb mit bösen Blicken bedacht. Nach dem Spiel lief ich zu den Spielern und verpasste dadurch fasst meinen Zug nach Deutschland. Es war ein sensationelles Erlebnis. Deutschland hatte einen Teil seines Selbstbewusstseins wiedergefunden. Der Krieg war in diesen Momenten für die meisten Menschen vergessen.

Herbert Noé (vorne links) auf einem Kinderfahrrad bei einem Ausflug in Altglashütten, 1928.

Der Vater Franz Noé (vorne rechts) mit Kameraden bei der kaiserlichen Schutztruppe im ehemaligen Deutsch-Südwest Afrika, 1913.

Vater Franz Noé.

Mutter Josefine Noé.

Herbert Noé mit seinem Vater auf dem Feldberg im Schwarzwald, 1932.

Ausflug des Jungvolks, 1933. Herbert Noé in der dritten Reihe unter der Hakenkreuzfahne.

Herbert Noé beim Reichsarbeitsdienst: Auszug zur Begradigung der Enz, 1941.

Reichsarbeitsdienst in Weissenbach, Obersteiermark, 1941. Zwei Fotos von der Vereidigung.

Herbert Noé (links) mit einem Kameraden, beide mit Schneerosen, vor der Weissenbacher Wand, Reichsarbeitsdienst 1941.

Gesamtansicht des RAD-Lager in Weissenbach, 1941.

Herbert Noé (Dritter von links) mit RAD-Stubenkameraden, 1941.

Ein Fundament wird für ein neues Lagergebäude gesetzt, RAD 1941

Fertiggestelltes Haus.

Herbert Noé bei der Essensausgabe, RAD 1941.

Herbert Noé in RAD-Uniform, RAD 1941.

Herbert Noé mit Kameraden beim Ersteigen des Wilden Kaisers, RAD 1941.

Fahneneid in Wiesbaden, 1942.

Die Kompanie ist angetreten und präsentiert das Gewehr.

Kameraden beim Schwur auf die Fahne.

Herbert Noé mit Helmtarnung im Manöver, 1942.

Bataillonsantritt vor dem Abmarsch an die Ostfront, Juli 1942.

Herbert Noé und seine Stubenkameraden während der Fahrt an die Front. Der Fotograf, dessen Gesicht übergroß zu sehen ist, drückte gleich zweimal auf den Auslöser.

Herbert Noé mit Kameraden in Iwanowa, 1942.

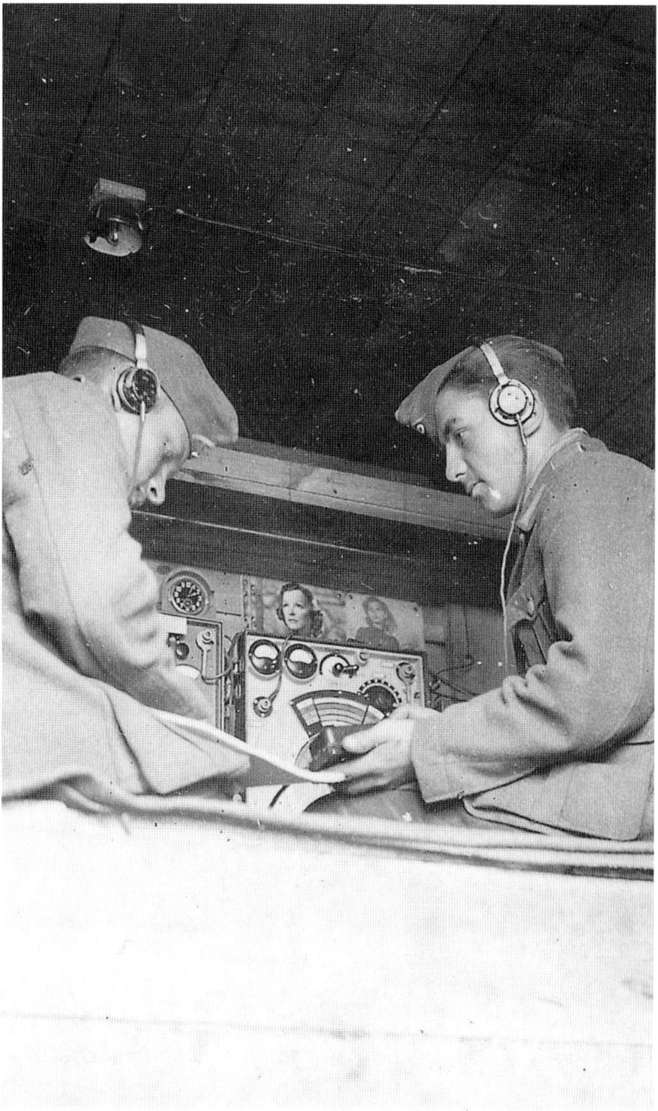

Herbert Noé (rechts) im Funkwagen, 1942.

Das Essen wird zubereitet und auf dem Kanonenofen gekocht, 1942.

Herbert Noé beim Kochen in einfachster Art, 1942.

Ein Soldat beim Entlausen, rechts der getarnte Funkwagen.

Zerschossene Bauernhäuser in Iwanowa dienten der Beschaffung des Baumaterials für die Erdbunker, 1942.

Zum Schutz vor feindlicher Sicht und Artilleriebeschuss wurde der Erdbunker an einem Hinterhang angelegt, 1942.

Bei Iwanowa vor der Welinihöhe, 1942. Der Erdbunker in der Bildmitte.

Der Erdbunker von vorne mit Eingangstür (rechts) und Fenster (links). Gut sichtbar ist die mit mehreren Balkenlagen versehene Bunkerdecke, die vor Mörserbeschuss schützen sollte.

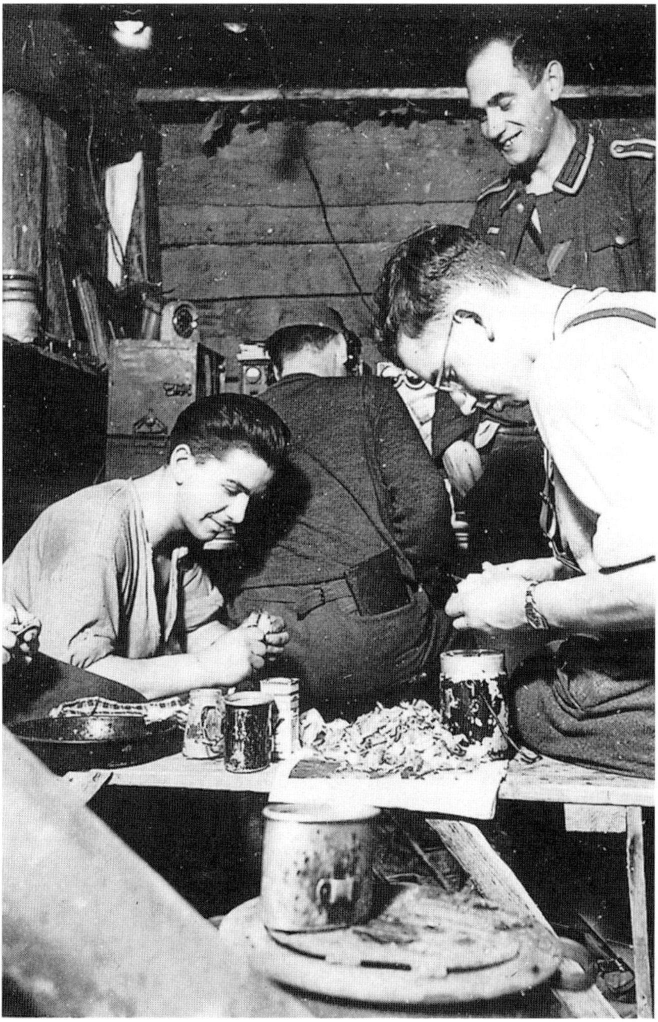

Herbert Noé im Erdbunker.

Iwanowa, 1942.

Russischer Bauer aus Iwanowa, 1942.

Erdbunker und Fernmeldedrähte, 1942.

Herbert Noé mit erbeuteter Bärenfellmütze.

Der Funktrupp in Winterbekleidung (rechts Herbert Noé).

Beschädigte russische Kirche, 1942.

Iwanowa, Winter 1942/43.

Russische Bauern am Ziehbrunnen, Winter 1942/43.

Gräben der russischen Bunkerstellung und Eingang zum „Stalinbunker" auf der Welinihöhe bei Demidow nach dem deutschen Angriff im August/September 1942.

Abgeschossener russischer BT-26.

Russischer leichter Panzer wahrscheinlich nach einem Artillerievolltreffer.

Russische Kriegsgefangene tragen einen verwundeten Kameraden.

Auf dem Weg zum Kampfeinsatz gegen Partisanen (H. Noé dritter von links).

Rast vor dem Einsatz in sumpfigem Gelände (H. Noé in der Bildmitte, vorne).

Der getarnte Funkwagen des Funktrupps. Dahinter erkennt man ein Pferdegespann. Nachdem der Kraftwagen ausgefallen war, wurde dem Funktrupp als Ersatz ein bespannter Panjewagen zugeteilt. Für russische Geländeverhältnisse war er sogar brauchbarer.

Beschlagen der Pferde.

Herbert Noé beim Ausritt auf einem der beiden Kosakenpferde, die dem Funktrupp zugeteilt waren.

H. Noé (links) mit Kameraden vom Funktrupp nach den schweren Kämpfen am Dnejpr, 1943.

Deutsche Hinweisschilder bei Demidow, dahinter Soldatengräber.

Auf dem Soldatenfriedhof des Hauptverbandsplatzes bei Welikje Luki werden neue Gräber angelegt. Ein paar Monate später hatte sich die Anzahl der Kreuze vervielfacht.

Abgeschossener und ausgebrannter russischer Panzer englischer Herkunft. Die Sowjetunion bekam über den Seeweg zahlreiche Kriegsgüter von den Westalliierten. In der Seite der Wanne unterhalb des Turmes ist der glatte Durchschuß wahrscheinlich einer deutschen 8,8 cm Panzergranate zu erkennen. Sie drang in den Kampfraum und detonierte. Die Besatzung hatte bei solch einem Treffer kaum Überlebenschancen.

Die Gräber der Besatzung.

Grab eines Kameraden aus dem Infanterieregiment der Division, der bei einem russischen Panzerangriff gefallen war. Er wurde zwischen Kettenspuren begraben, die Grabstelle mit Granathülsen begrenzt.

Der gesamte Funktrupp (rechts Herbert Noé) erhält das EK II, September 1943.

Nach russischem Beschuss notgelandeter Fieseler Storch, Sommer 1944.

Brennendes Wolkowysk. Sommer 1944.

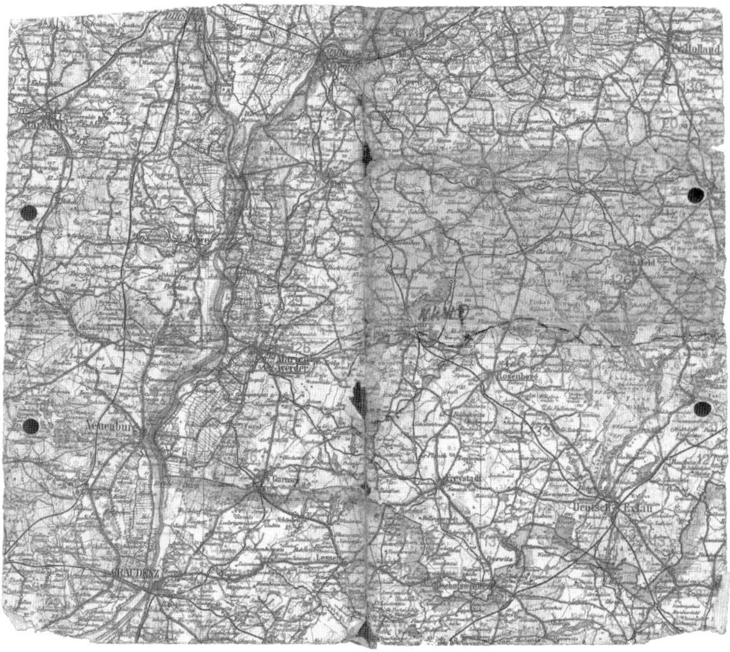

Reststück der Karte von Ostpreußen, die Herbert Noé einem gefallenen deutschen Soldaten aus der Brusttasche nahm, um sie auf der Flucht zur Orientierung zu benutzen. Er trennte die bereits zurückgelegten Abschnitte von der Karte ab, um den Verfolgern bei Gefangennahme keine Hinweise auf seine Herkunft zu geben. In der Mitte ist der Standort des NKWD-Gerichtes eingetragen, vor dem er zum Tode verurteilt wurde.

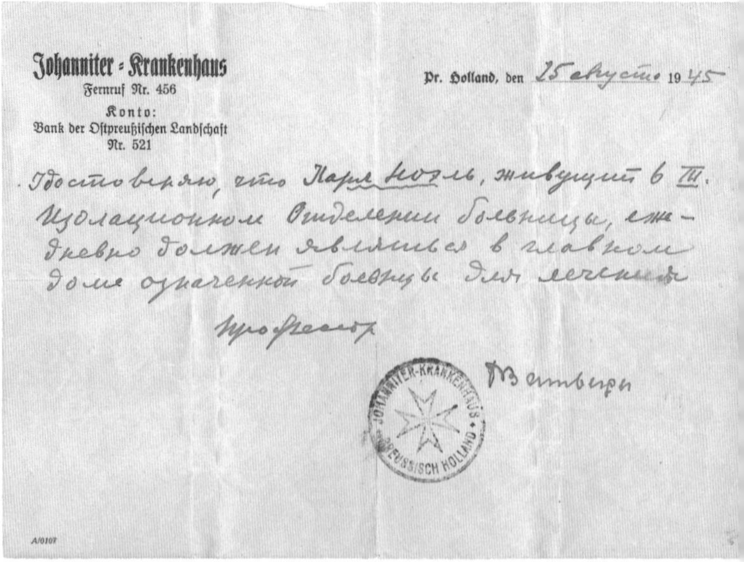

Johanniter - Krankenhaus
Fernruf Nr. 456
Konto:
Bank der Ostpreußischen Landschaft
Nr. 521

Pr. Holland, den 25 августа 1945

Удостоверяю, что Карл Ноэль, живущий в III. Изоляционном Отделении больницы, ежедневно должен являться в главном доме означенной больницы для лечения.

Профессор

Бамбергер

JOHANNITER-KRANKENHAUS PREUSSISCH HOLLAND

A/0107

Beglaubigungsschein vom 25. August 1945 zum Aufenthalt von Herbert Noé im Johanniter-Krankenhaus zu Preussisch-Holland. „Ich beglaubige, daß Karl Noéll in der dritten Isolierstation des Krankenhauses wohnt. Er muß jeden Tag ins Haupthaus zur Kur gehen. Gez. Bamberger." Dieses Dokument schützte ihn weitgehend vor der erneuten Gefangennahme durch die Rote Armee.

„Wir mussten mit den Wölfen heulen"

Kindheit und Jugend

Ich wurde am 8. Februar 1922 in Schriesheim geboren. Es war einer der Jahrgänge, denen ein besonders schweres Schicksal bevorstand. Mein Vater, eigentlich von Beruf Schneider, meldete sich nach dem Militärdienst 1909 freiwillig zu den kaiserlichen Truppen nach Deutsch-Südwest-Afrika. Nach dem Kriegsdienst im Ersten Weltkrieg gelang ihm der Eintritt in den Polizeidienst. Zuerst wurde er 1929 von Schriesheim nach Kehl am Rhein, danach in den Schwarzwald versetzt. Hier verbrachte ich in Altglashütten meine frühe Kindheit und ging dort bis zur siebten Klasse in die Volksschule. Unser Lehrer war kriegsversehrt und machte nicht den Eindruck als ob er seinen Schülern viel beibringen wollte. Mein Vater wurde dann etwa gegen Ende meiner siebten Klasse pensioniert. Wir zogen wieder nach Schriesheim, wo meine Eltern ein großes Grundstück besaßen, das sie bewirtschaften wollten.

Der sich entwickelnde Nationalsozialismus wurde von meinem Vater abgelehnt. Er war gegen Adolf Hitler. Und das obwohl er bei der Feldgendarmerie war und Konsequenzen fürchten musste. Er wurde aus diesem Grund ab 1933 nicht mehr befördert.

„Hitler ist unser Untergang", sagte er immer wieder. Auch in der Straßenbahn äußerte er sich einmal entsprechend. „Herr Wachtmeister, wenn sie das nochmals sagen, sind sie dran", waren die Worte eines Mitfahrers, der in der NSDAP organisiert war. Fortan äußerte er sich in der Öffentlichkeit nicht mehr. Ich war als Trommler im sogenannten Jungvolk, der Kinder- und Jugendorganisation der NSDAP. Ausflüge, Zeltlager und Aufmärsche machten auf mich einen großen Eindruck. Die Ablehnung des Nationalsozialismus meines Vaters verstand ich nicht. Ich bat meinen Vater uns eine Hakenkreuzfahne zu nähen. Das lehnte er kategorisch ab. Das Koppel und den Schulterriemen, die ich zu meiner Jungvolk-Uniform brauchte, bekam ich deshalb von meiner Mutter. Sie sparte hierfür heimlich das Geld zusammen. Immer wenn wir von Veranstaltungen nach Hause kamen, zogen wir unsere Uniformen sofort aus. Mein Vater sollte nichts erfahren.

Gut kann ich mich noch an den Tag erinnern, als Adolf Hitler zum Reichskanzler berufen wurde. Ich war gerade bei meinem besten Freund zu Besuch, als Hitler plötzlich im Radio zu hören war. „Komm rüber, der Führer spricht", rief mein Freund. Wir hatten durch sein Auftreten im Radio, obwohl wir ihn noch nicht gesehen hatten, den Eindruck, das dies ein besonderer Mensch war. Er war für uns wie ein Phänomen. Ich rannte nach Hause und traf sogleich meinen Vater. „Hitler ist Reichskanzler", sagte ich aufgeregt zu ihm. Sofort holte er im Zorn mit seiner Hand aus, um mir eine Ohrfeige zu geben. Doch er besann sich.

Nach seiner Pensionierung tat er noch Dienst im Polizeikommissariat in Mannheim. Nach 40 Jahren Polizeidienst bekam er das goldene Dienstabzeichen der Polizei. Es war mit einem Hakenkreuz versehen. Ablehnen wollte er es nicht, da er Konsequenzen fürchtete. Jedoch hat er es nie getragen. Nach Kriegsende wurde er von den Amerikanern als Mitläufer eingestuft. Es war schwer für uns Kinder mit dem Vater darüber zu reden, warum er den Nationalsozialismus so konsequent ablehnte. „Ich habe das System durchschaut, ein Gefreiter kann nicht so agieren", waren seine Worte. Ich vermute, dass er als Kriegsteilnehmer des Ersten Weltkieges ahnte, was Hitler vor hatte. Diese politischen Vorstellungen konnten für ihn nur im erneuten Weltkrieg enden. Sehr früh war er der Meinung, dass der Krieg verloren sei, obwohl wir noch vom Erfolg und der Notwendigkeit überzeugt waren.

In diese Jahre fiel meine Ausbildung. Nach einer Lehre als Elektriker begann ich ein Studium auf der Ingenieurschule. 1941 wurde ich zum Reichsarbeitsdienst eingezogen. Wir kamen nach Weissenbach bei Lietzen in Österreich, um Regulierungsarbeiten an der Enz vorzunehmen. Am 5. Oktober 1941 wurde ich entlassen. Fünf Tage später rückte ich zur Wehrmacht ein, in der ich in Wiesbaden in weniger als einem Jahr zum Tastfunker ausgebildet wurde. Nachdem die Ausbildung abgeschlossen war, wurden wir für den Einsatz in Afrika mit Wüstenuniformen eingekleidet. Nach kurzer Zeit bekamen wir unsere feldgrauen Uniformen wieder. Zu meiner Sorge sollte es nach Russland gehen. Am 1. Juni 1942 fuhren wir an die Front. Über die Stationen Schneidemühl, Warschau, Brest, Smolensk kamen wir am 17. Juni 1942 in Witebsk an. Danach ging es am 2. Juli 1942 weiter nach Rudnia und mit dem Lkw nach Chatejewo.

Am Sinn unseres Einsatzes haben wir dabei aber nicht gezweifelt. Jeder glaubte an die Notwendigkeit, die Heimat vor dem Bolschewismus zu verteidigen. Das hatte man uns eingebläut. Wir wussten nicht, auf was wir uns einließen. Am 21. Juli 1942 verlegten wir über Demidow nach Nemithi. Dort waren zahlreiche Partisanenüberfälle zu verzeichnen. Es gab auf unserer Seite sehr viele Tote. Im Herbst 1942 kamen wir an einen kleinen Ort namens Iwanowa. Wir sollten dort etwa ein Jahr verbringen. Es war mein erster Fronteinsatz. Wir gruben uns in einem nicht einsehbaren Tal, wenige hundert Meter von der Ortschaft entfernt, zur russischen Seite hin ein. Mit Hilfe von Holzbalken der zerstörten russischen Häuser bauten wir einen beheizten Erdbunker, der von nun an unsere Unterkunft und Funkstätte sein sollte. Er bestand aus einem vier mal sechs Meter großen Raum mit einem Fenster. Daneben bauten wir aus 30 cm dicken Balken einen Unterstand für unsere beiden russischen Pferde. Es waren gute Reitpferde. Sie stammten von einer aufgeriebenen Kosakeneinheit. Jetzt hatten sie die Aufgabe, unseren Panjewagen zu ziehen, den wir als Ersatz für unseren zerschossenen Funkkraftwagen erhalten hatten.

Die Futterbeschaffung für diese Tiere war ein schwieriges Unterfangen. So mussten wir mit einem Pferd und unserem Panjewagen auf der, vom Feind einsehbaren Anhöhe Heu ernten. Hier sah ich zum ersten Mal eine unbestattete und verweste Leiche, die seit etwa drei Monaten hier lag. Es war ein russischer Offizier. Das konnte man an der gut erhaltenen Uniform erkennen.

Darüber war ich sehr erschüttert und stellte mir vor, vielleicht selbst auf diese Weise sterben zu müssen. Ich redete mit meinen Kameraden, wie wir die Leiche beerdigen konnten. Wir fanden jedoch keine Möglichkeit. Es wäre durch den ständigen Artilleriebeschuss zu gefährlich gewesen. Jetzt wurde uns auch die Gefahr bewusst, in der wir uns selbst befanden. So dachten wir jedesmal an diesen Soldaten und stellten nach der dritten Fahrt die Heuernte ein.

Im Verlauf des Jahres 1942 kam die Front zum Stillstand, so dass wir den gesamten Winter hier verbrachten. Etwa vier Kilometer vor uns lag ein Höhenzug, der die Frontlinie bildete, die Welinihöhe. Sie war ein Abschnitt der „Stalinlinie", die von den Russen zur Verteidigung angelegt wurde. Im Herbst 1942 wurde der Höhenzug von der 330. Infanteriedivision und den benachbarten Einheiten angegriffen und genommen. In der Nacht vor dem Angriff mussten wir mit unseren Pferden und unserem Panjewagen dicht an den vordersten russischen Stellungen vorbei, um zu einer Infanterieabteilung zu gelangen, die in einem alten, russischen Bunker in der Nähe unserer Funkstelle lag. Wir durften die Russen auf keinen Fall aufschrecken. Der starke Regen in dieser Nacht half uns jedoch, uns zu verbergen. Ich sprach mit einem jungen Leutnant, der eine Infanterieeinheit am nächsten Morgen zum Angriff zu führen hatte. Er beschrieb mir seine Aufgabe und hatte Angst vor dem, was ihm bevorstand. Er meinte, es würde nicht einfach werden. Der mit Flammenwerfern bewaffnete Gegner lag eingegraben in zehn bis fünfzehn verschachtelten Stellungssystemen. Er wollte den Höhenzug mit seinen Soldaten nur mit Hilfe von Karabinern und Handgranaten stürmen. „Die schlage ich mit dem Karabiner tot", waren seine Worte. Meinen Vorschlag, doch Maschinenpistolen einzusetzen, lehnte er ab. Er verwies auf seine Pistole, die er bei sich trug. Am frühen Morgen an einem Septembertag 1942 startete der Angriff. Dunst lag in der Luft. Es krachte fürchterlich, denn die deutsche

Artillerie schoss aus allen Rohren. Die Russen schossen zurück und die Einschläge lagen dicht an unseren Bunker. Die endgültige Angriffszeit wurde zweimal verlegt und schließlich auf 8.00 Uhr festgesetzt. Pioniere gingen zuerst nach vorne, um die automatischen Flammenwerfer der Russen zu beseitigen. Zwei Tage später startete der zweite Angriff. Die Bunker der Russen wurden endlich, wenn auch unter starken Verlusten, genommen. Hinter der Anhöhe hatten sie Gräben gezogen, um die vorderen Stellungen mit Nachschub an Mensch und Material zu versorgen. Ich lief später die Anhöhe hinauf und sah nach einiger Zeit den Leutnant tot vor einem der russischen Bunker liegen. Der Karabiner lag noch bei ihm. Überall waren noch die frischen Spuren des harten Kampfes zu sehen. Als ich von der Anhöhe herunterstieg, wurde ich plötzlich von einem russischen leichten Granatwerfer beschossen, der ganz in der Nähe sein musste. Völlig überrascht, dass hier noch russische Soldaten waren, warf ich mich auf den Boden. Es musste ein einzelner Soldat sein, der sich festgesetzt und mich beobachtet hatte. In Todesangst flüchtete ich in einen lichten Baumbestand. Er konnte mich nun nicht mehr richtig sehen, denn die Granateinschläge wurden ungenau. Nach einer Stunde Katz- und Mausspiel war alles still. Ich hatte nun Angst, dass er sich heranschleichen und mich erschiessen wollte. Seinen Standort kannte ich nicht. Ich wartete in meiner Deckung. Glücklicherweise kam er nicht. Vielleicht hatte er keine Munition mehr oder er war erschossen worden. Es gelang mir, zu meinen Kameraden zurückzukommen. Einen Tag später übernachteten wir in den Stellungen der Russen auf deren Holzpritschen, die sich in winzigen Erdlöchern befanden. Die Roste bestanden aus Telefondraht. Zu unseren Läusen kamen nun noch die Flöhe der ehemaligen Bewohner hinzu. An Schlaf war jetzt nicht mehr zu denken.

Natürlich versuchten die Russen, unserem Angriff zuvorzukommen und unsere Stellungen zu erobern. Wenige Tage vor unserer Offensive erfuhren wir, dass ein russischer Angriff unmittelbar bevorstand. Es waren russische Offiziersschüler aus Moskau, etwa 16 bis 18 Jahre alt. Im Morgengrauen liefen sie mit lautem „Urräh-Geschrei" auf die deutschen Linien zu. Etwas von der Frontlinie entfernt hörte ich ihre jungen Stimmen herüberschallen. Es wurden im deutschen Abwehrfeuer immer weniger. Schließlich hörte man nur noch vereinzelte Rufe. Einige riefen „Madka", nach ihrer Mutter. Sie fügten uns schwere Verluste zu. Einer der Infanteristen brachte einen verwundeten Russen zu uns nach hinten. Er war etwa 16 Jahre alt und trug einen Notverband. Sein Arm war abgerissen worden. Einige Kameraden beabsichtigten, ihn aus Wut über die eigenen Verluste zu erschießen. „Komm, wir bringen ihn hinter den Berg, da knallen wir ihn ab." Ich fragte darauf einen Hauptmann, ob ich ihn zum Hauptverbandsplatz zurückbringen könnte. „Selbstverständlich, das ist ja noch ein Bub." Der Junge fiel mir trotz seiner Verletzung um den Hals, da er wusste, dass ich ihm das Leben gerettet hatte. Am Hauptverbandsplatz versicherte man mir, dass man sich um ihn kümmern würde. Ich musste schnell zu meiner Einheit zurück, da man mich sonst vermisst hätte. Ich hörte nichts mehr von seinem Schicksal.

Kurze Zeit später wurde ich mit meinem Funktrupp infanteristisch eingesetzt, um mit allen zur Verfügung stehenden Kräften die Frontlinie vor erneuten russischen Angriffen zu verteidigen. Wir hatte uns in geringer Entfernung zu unseren Gegnern hinter einem Damm verschanzt. Das Vorfeld bestand aus einem mit niedrigen Büchen bewachsenen Gelände. Als der russische Angriff unmittelbar bevorstand, kam der Befehl, uns an die Kante des Damms zu legen. Plötzlich verspürte ich einen Schlag an meinem Kopf.

Blut lief mir über das Gesicht. Einen Moment lang durchfuhr mich die Angst vor einem Kopfschuss. Es war glücklicherweise nur der Splitter eines russischen Explosivgeschosses, der mich an der Augenbraue getroffen hatte. Kurz darauf sahen wir russische Soldaten zu uns hinauflaufen. Sie traten überall aus den Büschen vor uns hervor und verschwanden wieder. Um nicht überrannt zu werden, bereiteten wir uns auf einen Nahkampf vor. Wir pflanzten unsere Bajonette auf, standen auf und liefen Ihnen entgegen. Ich war völlig weggetreten. Plötzlich sah ich wenige Meter vor mir einen Soldaten, der aus einem Busch hervorkam. Instinktiv hob ich mein Gewehr und schoss ungezielt auf ihn. Er sackte vor mir sofort zu Boden. Er hatte ebenfalls sein Gewehr auf mich gerichtet. Da er Sekundenbruchteile später geschossen hatte, pfiff seine Kugel knapp an meinem Kopf vorbei. Ob ich es war, der ihn getroffen hatte, wusste ich letztendlich nicht. Ich konnte nicht darüber nachdenken. Ich hatte überlebt, das war wichtig.

Bei allem was ich tat, dachte ich an das eigene Überleben. Ich versuchte, wenn es zu Kampfhandlungen oder Beschuss kam, keine Fehler zu machen, denn die kleinste Unvorsichtigkeit konnte das Leben kosten. Es gab unzählige Gefahren, die das Überleben zum reinen Zufall machten. Einer meiner Kameraden versäumte es, während eines plötzlich einsetzendem russischen Artilleriebeschusses rechtzeitig in Deckung zu gehen. Am Grabenrand wurde er von einem Granatsplitter am Hals getroffen. Als er zu mir heruntersank, lief sein Blut in Strömen über mich. Zu seinem großen Glück war sofort ein Sanitäter zur Stelle, der sich ebenfalls im Graben befand und die Blutung mit einem Pressverband stillen konnte.

Auch die russischen Scharfschützen verstanden ihr Handwerk auf teuflische Weise. Viele Kameraden meiner Einheit wurden durch Kopfschüsse getötet. Ein gängiger Trick um herauszufinden ob Scharfschützen im Vorfeld Stellung bezogen hatten, war es, mit Hilfe eines Stockes einen Stahlhelm über den Grabenrand zu führen. Als unsere Einheit Scharfschützenalarm gab, versuchte auch ich es. Kaum war der Helm über dem Grabenrand, wurde er mit einem lauten Knall von einer Gewehrkugel durchschlagen.

Eine weitere allgegenwärtige Bedrohung im Hinterland waren die Partisanen. Von ihnen wurden wir oft angegriffen. Gefährlich waren sie besonders für die Telefonnachrichteneinheiten. Oft kappten sie die Telefonleitungen und warteten bis sich deutsche Soldaten zeigten, die die Verbindung zu reparieren hatten. Diese wurden dann erschossen. Im September 1943 spitzten sich die Ereignisse zu, als wir etwa 14 Tage hinter der Front in der Gegend von Rudnia lagen. Es kam mehrmals zu Überfällen innerhalb unseres Regiments. Die Situation wurde unerträglich, da immer höhere Verluste zu beklagen waren. So entschied der Kommandeur, dass den Einwohnern des Dorfes, aus dem die Partisanen kamen, ein Ultimatum gestellt wurde. Ich erfuhr durch meine Tätigkeit als Funker, dass im Falle eines fortdauernden Kampfes die Einwohner erschossen werden sollten. Auch sollten von den Russen alle Partisanen den deutschen Stellen ausgeliefert werden. Ich meldete mich daraufhin krank, da ich keine Zivilisten erschießen wollte. Das Dorf wurde umstellt. Nachdem die Menschen zusammengetrieben waren, mussten sie einen langen Graben schaufeln. Als nach etwa ein bis zwei Tagen das Ultimatum verstrichen war, wurden die Männer und Frauen des Dorfes aus den Häusern getrieben und von einem, aus unserer Einheit aufgestellten Kommando erschossen. Nur Alte und Kinder, die mit den Partisanen nichts zu tun haben konnten, wurden verschont. In unserer Einheit wurde über die Vorgänge Stillschweigen befohlen. Bei einem Verstoß wurde mit Erschießung gedroht.

Gegenüber der russischen Zivilbevölkerung empfand ich keine Feindschaft. Wenn es möglich war, versuchte ich zu helfen, indem ich Nahrungsmittel verschenkte oder tauschte. So ging ich eines Morgens zu einem Dorf, hängte mein Koppel mit meiner Pistole demonstrativ an einen Viehzaun am Ortseingang und lief hinein. Dort tauschte ich Salz und Süßstoff gegen frische Eier. Auf dem Rückweg, zog ich meine Koppel wieder an und überbrachte die Eier meinen Kameraden. Im Nachhinein wurde mir klar, wie riskant und leichtsinnig mein Handeln gewesen war. Jederzeit hätte ich durch Partisanen gefangen genommen oder erschossen werden können. Oft waren die Begegnungen durch die Kampfhandlungen bestimmt. Bei einem Sturmangriff meiner Einheit auf ein Dorf, stieß ich auf eine russische Bäuerin. Ich richtete mein Gewehr mit aufgepflanztem Bajonett auf sie. Aus Angst zog sie sich ihren Rock über das Gesicht und entblößte sich auf diese Art. Ich war erschüttert und fragte mich selbst, was ich angerichtet hatte. Später kam ich zu ihr zurück und gab ihr etwas zu Essen.

Im folgenden Frühjahr 1943 kam der russische Großangriff. In Etappen von ca. 50 Kilometern, die wir in den Nächten zurücklegten, ging es von nun an ständig zurück, bis wir eine neue Verteidigungslinie besetzten. Am nächsten Morgen war der Gegner schon da. Er versuchte ständig, die deutschen Einheiten in Zangenbewegungen zu überholen und einzukreisen. Immer wieder mussten wir aus diesen Umklammerungen ausbrechen. Wir verloren dabei viele Kameraden. Tagsüber wurde gekämpft und sich in der Nacht zurückgezogen. Eines Abends trat unsere Kompanie in der Dunkelheit an. Wir zählten unsere Kampfstärke. „Ein Unteroffizier und zwei Mann; ein Unteroffizier und drei Mann..." Offiziere gab es nicht mehr. Wir waren noch 15 Mann. Die anderen waren gefallen oder durch Verwundung von unserem Truppenteil getrennt worden.

Nach den schweren Kämpfen am Dnejpr kam es zu einer ungewöhnlichen Begebenheit. Unsere Division hatte den Gegner vorläufig zum Stehen gebracht. Wir bauten unsere Funkstelle in einem alten rückwärtigen Bauernhaus auf. Dabei mussten wir die Räumlichkeiten des Hauses mit einer Gruppe Militärpolizei, die sich ebenfalls dort eingerichtet hatte, teilen.

Da es uns an Verpflegung fehlte, beschloss ich, mit einem Kameraden auf die Jagd zu gehen. Nach einiger Zeit sah ich an einer Lichtung am Waldrand plötzlich ein Reh. Sofort versuchten wir uns dem Tier vom

Inneren des Waldes aus zu nähern, um ihm die Fluchtmöglichkeit zu nehmen. Ich legte an und schoss. Als wir an die Stelle kamen, wo es liegen musste, erschrak ich. Ich hatte mit einem Schuss gleich zwei Rehe erlegt. Schnellstens beseitigten wir die Blutspuren im Schnee und versteckten die beiden Tierkörper in einem Gestrüpp, um den Russen keine Hinweise auf das Geschehene zu geben. Als wir an einer Marketenderstelle einen Schlitten besorgt hatten, eilten wir schließlich an den Ort zurück, zogen die beiden Rehe aus dem Versteck, banden die Läufe zusammen, legten sie auf den Schlitten und fuhren zu unserem Bauernhaus zurück. Dort gabe es allerdings ein Problem. Das Jagen hinter der Front war auf deutscher Seite verboten. Wir mussten es aber, da es nicht zu verheimlichen war, unseren Hausnachbarn, der Militärpolizei, mitteilen. Ich bot dem kommandierenden Feldwebel vorsichtig eines der Rehe an. Entgegen meiner Befürchtungen nahmen alle anwesenden Militärpolizisten mein Angebot freudig an.

Zwischen November 1943 und Januar 1944 befand sich unsere Einheit zur Neuaufstellung in Agram in Jugoslawien. Unser Funktrupp wurde zur Betreuung der Funkausbildung zur SS-Brigade „Nederland" versetzt. Dort erlebte ich während eines Einsatzes zur Partisanenbekämpfung einen Überfall. Wir fuhren mit sechs Lkw durch ein Gebirgstal. Auf dreiviertel Höhe des Berges fielen Schüsse. Der Fahrer des ersten Lastwagens wurde getroffen. Ich hörte Schreie. Die Besatzungen der vorderen Fahrzeuge wurden überwältigt und erstochen. Da ich im hintersten Lastwagen war, konnte ich mich mit einigen anderen durch Verstecken im Buschgelände retten. Die getöteten SS-Soldaten waren entkleidet worden. Die Partisanen hatten es auf Ihre Uniformen abgesehen. 1944 kamen wir erneut an die Ostfront. Diese Zeit war gekennzeichnet durch schwere Kämpfe und fortdauerndem Rückzug der deutschen Truppen. Wir lagen in einem Wäldchen bei Orscha. Zahlreiche russische Panzer kamen in Reihen auf uns zu. Dahinter folgte die russische Infanterie. Auf einem Feld in einiger Entfernung, bereits hinter den russischen Panzern, standen deutsche Tigerpanzer, die durch Kettentreffer bewegungsunfähig geschossen waren. Über das Schicksal der Besatzungen wusste ich nichts. Schließlich bekam ich den Auftrag, über Funk Munition für die 8,8 cm Fliegerabwehrkanonen anzufordern, von denen vier hinter uns in Stellung lagen. Die Versorgungsstelle hatte aber keine Munition mehr. Der Kommandeur der Geschützeinheit entschied sich daraufhin zum sofortigen Rückzug. Wir packten unsere Funkgeräte und das notwendigste Material und begaben uns auf den Protzen der Geschütze auf die Flucht. Kurz zuvor musste ich mein geliebtes Pferd, welches sich nicht wie wir in einer sicheren Deckung befunden hatte und durch einen Granatsplitter am Bauch schwer verletzt worden war, mit meiner Pistole erschießen.

Durch den starken Artilleriebeschuss fielen dann die Nachrichtenverbindungen aus. Ich wurde in dieser Situation als Meldegänger eingesetzt. Meine Aufgabe war es, eine schriftliche Meldung zu einer etwa fünfhundert Meter entfernten Nachbareinheit zu bringen. Ich musste durch einen fürchterlichen Granathagel. Ich sah riesige Granattrichter. Von einem Trichter zum nächsten springend, jeden Granateinschlag abwartend, versuchte ich, mein Ziel zu erreichen. Die Granaten krachten um mich herum in unvorstellbarer Lautstärke und Wucht. Ich sah nur noch Feuer und Fontänen von Erde aufspritzen. Ich fühlte mich völlig allein, und niemand hätte mir bei einer Verwundung geholfen. Als ich angekommen war, musste ich die gleiche Strecke zurück. Es war eine grauenhafte Erfahrung. Nach diesen Einsätzen bekam jeder Soldat unseres Funktrupps das EK II. Es ging nun immer um ungefähr 50 km zurück bis wir uns wieder zur Verteidigung festsetzten. Als es weiter zurückging, wurden dann die russischen Dörfer niedergebrannt.

Nach dem Rückzug hinter den Dnjepr, bauten wir unsere Funkstelle einen Kilometer hinter der Frontlinie auf. Neben uns lag, unter einem ausgefallenen Panzer eingegraben, die Befehlsstelle der Infanterie. Ein Hauptmann kam von dort auf mich zugerannt: „Funker, sofort Funkspruch, Klartext, alle Rohre auf Punkt ..." „Herr Hauptmann, Sie müssen hier unterschreiben", sagte ich. „Nichts unterschreiben, sofort! Ich bleibe hier." Die Russen hatten eine Pontonbrücke über den Fluss errichtet, auf der sich bereits die ersten Panzer befanden. Ich gab die Nachricht im Klartext durch. Ein paar Minuten später dachte ich, die Welt sei dem Untergang nahe. Alle deutschen Artilleriegeschütze von fern und nah feuerten auf einen Punkt. Ich hörte die Abschüsse und die Einschläge. Die Pontonbrücke war vernichtet. Plötzlich hörte ich Schüsse in der Nähe. Ein allgemeines Durcheinander brach aus. „Jetzt schießen sie schon auf die eigenen Leute", rief einer der Kameraden. Ein einzelner russischer Infanterist rannte vom Fluss her den Hügel zu uns hinauf. Er war mit Hilfe eines Floßsackes unbemerkt über den Fluss gekommen und hatte als einziger die Infanteriestellungen unserer Division direkt am Fluss durchbrochen. Die anderen Angreifer waren abgefangen worden. Er feuerte mit seiner Maschinenpistole auf alles was sich bewegte. Sofort wurde auch er erschossen. Als alles vorbei war, kam ein junger Offizier und übergab allen Soldaten unserer Funkstelle zum ersten Mal ein sogenanntes Frontkämpferpäckchen. Darin befand sich alles, was man zum Leben brauchte. Schokolade, Kekse, Bonbons. Ich dachte mehrmals darüber nach, ob ich eine Mitschuld hatte an dem Schicksal der vielen toten russischen Soldaten. Ein Tag später schlug eine russische Artilleriegranate unglücklicherweise genau zwischen den Laufrollen des Panzers ein, unter dem sich die Befehlsstelle des Infanterieregiments befand. Unsere Funkstelle war etwa zwanzig Meter davon entfernt. Wahrscheinlich hatten die Russen während unserer Funktätigkeit unsere Position angepeilt und anstelle der Funkstelle die Befehlsstelle vernichtet. Mindestens fünf Offiziere fanden den Tod. Die anderen wurden zum Teil schwer verwundet.

Der Dnjepr ließ sich auf Dauer vor der russischen Übermacht nicht verteidigen. Wenige Tage später verlegten wir mit unserer Funkstelle auf Befehl weiter nach Westen. Wir wurden von der Militärpolizei angehalten und zurückbefohlen. Ein Zurückweichen einzelner Truppenteile sollte unbedingt unterbunden werden. Alle Einheiten sollten an diesem wichtigen Fluss bis zum letzten Mann kämpfen. Wir wiesen darauf hin, dass wir zurückmussten, da unsere Funkstelle von russischer Artillerie beschossen und der Divisionsgefechtsstand unserer Division durch diesen Beschuss ausgelöscht worden war. Als wir schließlich weiterziehen durften, sahen wir auf den baumbesäumten Querwegen, die parallel zum Dnjepr verliefen, die grausamen Konsequenzen dieser Befehle. An jedem zweiten Baum war ein junger deutscher Soldat aufgeknüpft, der vor den russischen Angriffen zurückgegangen war. Mir lief der Schreck durch sämtliche Glieder.

Zu diesem Zeitpunkt wusste jeder von uns, auch die Offiziere, dass der Krieg nicht mehr zu gewinnen war. Es war aber sehr gefährlich, sich offen und kritisch darüber zu äußern. Hätte ich nicht mehr mitgemacht, wäre ich in ein Strafbataillon gekommen, um dort in besonders gefährlichen Einsätzen an bestimmten Frontbrennpunkten verheizt zu werden. Auch hatte ich einige Male überlegt, mich von der Einheit zu entfernen und in ein Gebüsch zu legen, um für mich den Krieg zu beenden und in russische Gefangenschaft zu kommen. Ich hatte aber die Schilderungen meiner Kameraden im Kopf, was den Kriegsgefangenen drohte und lief weiter. Die Konsequenzen, die dieser Krieg auf das eigene Schicksal und auf Deutschland insgesamt haben musste, wurden verdrängt. Wir mussten mit den Wölfen heulen, ob wir wollten oder nicht.

Die Zeit unseres Rückzuges war eine ständige Konfrontation mit dem Tod, dem eigenen, dem der Freunde aber auch dem der Gegner. Während eines Gefechtes in unmittelbarer Lebensgefahr ging es jedem in erster Linie um das eigene Überleben. Das Überleben der anderen war in dieser Situation zunächst zweitrangig. Die Kämpfe und das Sterben wirkten auf mich irreal. Ich erlebte diese Situationen wie in Trance. Oft war ein achtungsvoller Umgang mit dem Tod der anderen nicht möglich. Wir kamen zu dieser Zeit an Stellen vorbei, an denen zuvor hart gekämpft worden war. Ostpreussen wurde von den deutschen Einheiten generell verbissen verteidigt. Die Gefallenen waren meist noch unbestattet. So war es auch als wir auf dem Rückzug an einem Friedhof vorbeikamen. Zahlreiche deutsche Infanteristen hatten sich hinter den Grabsteinen verschanzt. Jetzt lagen sie zusammen mit den russischen Gefallenen tot umher. Granateinschläge hatten ihre Körper zum Teil mit Erde zugeschüttet. Köpfe und Gliedmaßen waren noch zu sehen. An den Körperteilen pickten Krähen, die während ihrer Mahlzeit immer wieder auf einen nahegelegenen Baum flogen. Entsetzt zog ich meine Pistole und schoss einen der Vögel aus etwa fünfundzwanzig Meter vom Baum. An eine Bestattung der Toten war auch von unserer Seite nicht zu denken.

Der Kessel von Königsberg

Während der Belagerung von Königsberg waren wir in der Wrangel-Kaserne oberhalb des Stadtzentrums untergebracht. Zahlreiche Hallen mit Ersatzteilen waren in unserer Kaserne zu finden. Wir bekamen einen roten Ausweis, der uns innerhalb der Festung legitimierte. Von nun an war es möglich, hinunter in die Stadt zu gehen. Aber es war gefährlich. Nirgends war man vor Luftangriffen sicher. Eines Morgens befand ich mich gerade allein zwischen mehreren Hallen, als das Dröhnen eines Flugzeugmotors hinter mir zu hören war. Ich drehte mich um und erblickte ein russisches Leichtflugzeug. Der Pilot hatte mich entdeckt. Plötzlich setzte der Kugelhagel ein. Links und rechts von mir schlugen die Geschosse in den Boden. Staub wirbelte auf und Steinsplitter flogen durch die Luft. In einem Zickzacklauf versuchte ich den Schüssen zu entgehen und rannte auf die Stirnseite einer Halle zu. Sie war ungefähr fünfzig Meter lang und knapp fünfzehn Meter breit. Immer wieder versuchte ich, hineinzugelangen, doch jede Tür war abgeschlossen und so blieb mir nichts übrig, als weiter zu rennen. Immer wieder gelang es mir, den Kugeln auszuweichen. Schließlich hatte ich mich in den engen Zwischenraum zweier Hallen gerettet. Dorthin, so hoffte ich, konnte er mich nicht verfolgen und ich wähnte mich in Sicherheit. Es war sehr schwer, ein Flugzeug hierhin zu steuern. Doch er schaffte es und beschoss mich erneut. Die Geschosse trafen auf das Pflaster und zerbarsten in viele kleine Teile. Das Flugzeug flog nun wesentlich niedriger und ich konnte den Piloten erkennen. Er war jung und trug seine typische Pilotenmütze, an der zu beiden Seiten eine Art Ohrenschutz herunterhing. Nur etwa fünfzig Meter trennten ihn von mir. Ich rannte erneut im Zickzacklauf und wollte nicht zulassen, dass er mich erwischte. Schließlich fand ich ein Versteck, so dass er mich nicht mehr sehen konnte und abdrehte. So schaffte ich es, unbeschadet dem Geschosshagel zu entgehen.

Ab Februar 1945 gab es keine Fluchtmöglichkeit mehr aus dem Kessel. Jeder dachte an sein bevorstehendes Schicksal, als Zwangsarbeiter deportiert zu werden oder gar zu sterben. In dieser Situation versuchten viele, die letzten Tage in Feierstimmung zu verbringen. Wir gingen abends häufig ins Stadtzentrum und trafen dort auch einige Mädchen. Tagsüber ging das Leben der Menschen seinen gewohnten Gang. Die Versorgungslage wurde jedoch gegen Ende der Belagerung sehr schlecht.

Ich war als Funker in der Befehlsstelle des Kommandeurs, General Lasch, untergebracht. Die Stimmung untereinander war von besonderer Herzlichkeit. Jeder hatte Vertrauen zu dem Kommandeur. Eines Abends lernte ich ihn kennen. Ich ging von Königsberg allein zurück zu meiner Unterkunft in der Wrangel-Kaserne. Es war gegen Mitternacht, als ich circa einen Kilometer vor der Kaserne einem Kameraden begegnete, den ich sogleich ansprach. „Du gehst sicher auch in die Kaserne", meinte ich zu ihm. „Ja", sagte er gelassen. „Du bist auch sehr spät dran." „Rechts, circa zwanzig Meter vom Eingangstor entfernt, ist eine Latte vom Holzzaun lose, da können wir leicht durchkriechen und müssen nicht an der Wache vorbei", meinte ich zu ihm, doch er ging nicht darauf ein. „Wir gehen zu zweit an der Wache vorbei, es wird uns nichts passieren." Kaum kamen wir an der Wache vorbei, fing der Posten an zu schreien. „Wache raus!" „Keine besonderen Vorkommnisse Herr General", erstattete der Wachhabende Meldung. Ich wäre fast im Boden versunken und fing richtig an zu zittern. „Du wirst dich morgen in voller Gefechtsuniform zum Rapport bei mir melden", meinte er zu mir. „Jawohl Herr General", bekam ich nur noch aus mir heraus. In dieser Nacht konnte ich nicht ans Schlafen denken, denn ich dachte an die schwerwiegenden Konsequenzen. Wie befohlen stand ich am nächsten Morgen vor dem General und machte Meldung. Zu meinem Glück ermahnte er mich lediglich und ich durfte wegtreten. Es war der 6. April 1945. Einen Tag später setzte die Rote Armee zum Grossangriff an. Königsberg wurde innerhalb weniger Tage überrannt.

Als ich am Vorabend der Kapitulation im Bunker über Funk von schweren Kämpfen in der Heimat hörte und meine Familie bedroht sah, zerstörte ich aus der Verzweiflung heraus, nicht helfen zu können, mein Funkgerät. Irgendwann kam General Lasch auf uns zu und meinte, dass nun der Moment gekommen wäre, die Waffen zu strecken. Er wünschte uns alles Gute und ermutigte uns, nicht aufzugeben. Niemand konnte in dieser Nacht schlafen, keiner konnte noch einen klaren Gedanken fassen. Für mich stand fest, dass ich in die Heimat zurückkehren wollte. Mein Leben und das meiner Familie stand auf dem Spiel. Das war mein Antrieb. Deshalb wagte ich später immer wieder die Flucht. Als der Zeitpunkt der Übergabe gekommen war, lief ich mit meinen Kameraden mit erhobenen Händen aus unserem

Bunker heraus und zerschlug mein Gewehr an einem Baum, statt es einfach abzulegen. Ein Russe, dem mein Verhalten nicht gefallen hatte, schrie mich an und gab mir mit vorgehaltener Waffe zu verstehen, dass ich schnellstens zu den anderen Gefangenen laufen sollte. Die Russen blickten mit düsteren Gesichtern auf uns. Jeder konnte sich ausmalen, was uns bevorstand. Auf dem Marsch zum Königsberger Paradeplatz sah ich das Mädchen, mit dem ich befreundet war. Wahrscheinlich wurde sie wie viele andere Frauen aus dem Haus getrieben. Ich rief ihr etwas zu, doch sie war völlig teilnahmslos und hörte mich nicht. Wir mussten uns dann auf dem Paradeplatz in Gruppen zu jeweils tausend Mann aufstellen. Ein russischer Offizier trat vor und teilte uns in seiner Rede mit, dass wir nun russische Kriegsgefangene wären und allen Anordnungen zu folgen hätten. Danach liefen wir in einem langen Marsch einmal um Königsberg herum. Wir bekamen eine Handvoll Weizenkörner und ein halbverbranntes Zuckerstück. Die Getreidekörner aßen wir einzeln und kauten sie solange wie möglich. Zwischendurch lutschten wir am Zuckerstück. Als wir im provisorisch angelegten Lager ankamen, begann es zu regnen. Für uns gab es keinen Schutz. Die Russen zwangen uns, uns in den Schlamm zu legen. Ich meldete mich dann mit vielen anderen zum Arbeitseinsatz, um bessere Verpflegung zu bekommen. Wir wurden zum Brückenbau an den Pregel kommandiert.

Mehrfach bin ich aus russischer Gefangenschaft geflohen. Eine Flucht war nicht einfach. Entscheidend war die Wahl des richtigen Zeitpunktes. Das Hinterland von Ostpreußen war durch kleinere Gruppen von Zivilrussen, Polen und russischen Soldaten besetzt. Sie schliefen in leerstehenden Häusern der geflohenen deutschen Bevölkerung. Befehligt wurden sie von russischen Ortskommandanturen, die aus einer größeren Anzahl Soldaten bestanden. Sie hatten nicht nur die Aufgabe, nach zivilen Flüchtlingen und geflohenen deutschen Soldaten Ausschau zu halten, sondern auch den Nachschub zu sichern. Das Land wurde deshalb systematisch nach Verwertbarem durchsucht. Ein Durchkommen war nur nachts im Schutz der Waldgebiete möglich. Viele haben es versucht. Ich war jedoch der einzige Soldat meiner Einheit, der es trotz aller Schwierigkeiten bis in die Heimat geschafft hat. Später habe ich erfahren, dass meine drei Kameraden, die mit mir zusammen ausgebrochen waren, bei unserer Trennung drei Tage auf mich gewartet hatten, bevor sie ihre Flucht alleine fortsetzten. Sie sind dann wieder gefangengenommen und zur Zwangsarbeit in den Osten abtransportiert worden.

Nachdem ich von meinen Kameraden getrennt war, musste ich meine Flucht allein fortsetzten. Ich kam mir sehr verloren vor. Die psychische Belastung, das Gefühl ausgeliefert zu sein, stieg dadurch stark. Andererseits war meine Erscheinung wesentlich unauffälliger. Viele rettende Umstände konnten mir nur als Einzelperson passieren. Zum Beispiel hatte mich der Kommandeur von Preußisch-Holland statt in ein Gefangenenlager in ein Krankenhaus gebracht. Das hätte er mit einer ganzen Gruppe von deutschen Gefangenen sicher nicht getan. Dieser Umstand rettete mir in meinem Gesundheitszustand das Leben. Mein Ziel war natürlich immer, in die Heimat zu kommen. Als ich es bis Berlin geschafft hatte, wusste ich nicht weiter. Ich stellte es mir sehr schwierig vor, von Berlin aus in den Süden Deutschlands zu gelangen, da es eine weite Strecke war und ich zu diesem Zeitpunkt auch keinem Deutschen trauen konnte. Das Land war ja besetzt. Überall konnte ein Verräter sein, und ich versuchte, alle Risiken zu berücksichtigen. Deshalb begab ich mich etwas westlich Berlins in englische Gefangenschaft. Den Russen war ich nun entkommen. Hier gab es etwas zu essen und vor allem die Hoffnung, bald entlassen zu werden und kein Kriegsgefangener mehr zu sein. Aber ich erfuhr bald, dass man mich und einen Kameraden zum Minenentschärfen an der französischen Atlantikküste einsetzen wollte. Damit verband ich damals meinen sicheren Tod. Ich schlich mich in einem unbewachten Moment vom Lager weg und rannte zum Güterbahnhof. Hier versteckte ich mich in einem Waggon. Glücklicherweise fuhr dieser Zug nach Süden in Richtung meiner Heimat.

Der eigentliche Wendepunkt auf meiner Flucht, der mein Vertrauen stärkte, dass ich meine Heimat wiedersehen würde, war die Tatsache, dass mir der polnische Chefarzt des Krankenhauses in Preußisch-Holland den Transport der Mädchen nach Berlin anvertraut hatte. Eine Rückkehr meiner Person nach Ostpreußen war von seiner Seite nicht vorgesehen. Dies war, im Rückblick betrachtet, für mich eine unschätzbar wertvolle Hilfe, um in die Freiheit zu gelangen. Ich hatte im Haushalt des Arztes geholfen und alle defekten Gerätschaften repariert. Deshalb bin ich mir sicher, dass ich meine Freiheit und meine letztendliche Rettung dem guten Zureden der deutschen Frau des Arztes zu verdanken hatte. Es war aber nur einer der unglaublichen Anzahl von glücklichen Begebenheiten, die mir das Leben retteten. Viele andere hatten dieses Glück nicht.